大國工匠

雷虎 撰
阮传菊 摄影

藝
Art

北京出版集团
北京出版社

传承大国技艺 守望热忱匠心

对传统技艺和艺人的最初印象，来源于中学语文课文。《核舟记》中技艺超群的核雕艺人，“能以径寸之木，为宫室、器皿、人物，以至鸟兽、木石，罔不因势象形，各具情态”；《口技》中的口技表演者，只“一人、一桌、一扇、一椅、一抚尺而已”，上演了一出精彩绝伦的情景剧。这些独具特色的传统技艺，如同星星，点缀在中国五千多年的文明史中，见证着中华民族的历史脉络和独特魅力，也照进人们的生活，构成我们衣、食、住、行、娱的方方面面。

近几十年，社会发生了翻天覆地的变化。市场经济与工业化进程如一辆快车，载着我们驶入新的生活，也带着我们渐渐远离了那些传统技艺。不知从何时起，庙会上少了捏泥人的手艺人，过年时门上不再贴木版印刷的年画，精美的瓷器、温润的玉雕似乎只能在博物馆见到，宛如天籁的大歌、古老神秘的傩戏也只能在民俗表演里见到。大量传统手工艺品被标准、高产的工业流水线产品取代，蕴含民族文化与特色的习俗也因文化趋势流变被推到消失的边缘，越来越多的老行当随着时代的推进从我们的生活中消失。

但是做了一辈子老行当的手艺人，却不能割舍这份感情。他们或隐身于闹市街巷的艺术工作室，或留守在深山的工艺保留地，或投身于专门的“非遗”保护传承机构，继续从事自己钟爱的事业。我们见过做木雕的手艺人，一笔一刻，在寂静的时光中雕琢每一件浸入心血的作品；我们见过雕版的工匠，平刀、圆刀、三角刀流转手中，勾勒出千变万化的美妙图案；我们寻访过隐世的银匠，见证最美的银器在烈火与锤打中诞生；我们光临过小县城中的皮影戏馆，看着皮影艺人和他们的观众一起慢慢老去；我们也几度“进宫”拜访神秘的文物修复师，看他们如何让一件件故宫的稀世珍宝“起死回生”……幸而有这些“择一事终一生”的“大国工匠”，在日益浮躁的环境中始终坚守本心，许多传承千年的传统技艺得以留存下来，在时代的洪流中继续绽放光彩。

与此同时，国家也逐渐加大对传统技艺及传承人的支持和保护。国务院先后公布了四批国家级非物质文化遗产代表性项目名录，命名了五批国家级非物质文化遗产代表性项目代表性传承人，对传统技艺及传承人现状进行了系统梳理；2011年《中华人民共和国非物质文化遗产法》实施，为非物质文化遗产的保护和传承提供了法律保障；每年6月的第二个星期六被定为中国“文化和自然遗产日”，让文化遗产保护的理念深入人心……在社会的共同努力下，众多传统技艺以“非遗”项目的身份重回时代舞台，并逐渐被人们看到、了解、喜爱。

更令人欣喜的是，“‘非遗’热”在引发民众对“非遗”项目关注的同时，也使许多富有创意的年轻人加入到了传统技艺的保护与传承队伍中，许多传统技艺也在适应时代的变化，大步向前，与时俱进：用传统手工艺打制的不锈钢酒壶畅销海外，刺绣的荷包成为“网红”伴手礼，蜡染布做的时装和布包成为时尚的代名词，甚至以宋锦织造技艺为灵感发明的人造血管已成功在临床上应用……这些经典的传统技艺，是念念不忘的绝响，就如同它们曾融入古人的生活一般，也渐渐在我们现代人的生活中放出光亮。

在这套十卷的丛书中，我们试图走进那些“大国工匠”的生活，记录他们的衣食起居，品味他们的酸甜苦辣；我们也尝试呈现那些传统技艺，梳理它们的历史源流，展望它们的传承创新。我们相信，在流量横行、“网红”遍地的当下，坚守本心、传承经典的工匠与艺人更值得被尊重；在物质丰富、文化多样的今天，精雕细琢、饱含底蕴的手工技艺更值得被推崇。

目录

古琴是“最中国的乐器”：
中国人的雅生活，琴棋书画诗酒花茶，
中国人的友谊，高山流水觅知音，
中国人的气节，嵇康就戮而“广陵”绝，
古琴，不仅是一种乐器，
自古以来就是中国文人修身的礼器，
是读书人的必修课，
因而有“士无故不撤琴瑟”之说。
而自钢琴被引入中国后，中国琴前面就加了一个“古”字。
作为礼器的古琴从文人生活中退出，
那些为琴而鸣的制琴师的生活也无以为继，
以至于很多琴师不得不自己动手斫琴。
茅毅便是这样一位琴师与斫琴师合二为一的先生，
听说他还曾是一位钢琴调音师。
这样的身份，
会给他制作的古琴带来什么样的化学反应呢？

引路

《良宵引》

我们曾有幸在金秋时分寻访茅毅先生的斫琴室云雪堂。寻访过其他很多“苏州范儿”的手工技艺，它们大都分布在桃花坞大街，而茅毅的斫琴室位于苏州南郊。以至于车从市区开出 40 分钟后最终迷失了方向，我们只能向茅毅先生“求救”。那时，茅毅先生在上海的古琴雅集刚散场，给他的徒弟发了指示。他的徒弟很快和我接上头：“从有垂柳的路口拐进来，沿着小河边的小巷往里走，走过拱桥时停一下，听一听，顺着琴声走就到了！”

我站在路口屏气凝神，凉爽的秋风中传来

弹奏古琴前都要焚一炉香

古琴的声音，这是一曲《良宵引》。

来到斫琴室门口，这是一栋二层楼的普通民宅，巷口正对着工作室的后门。我们从后门进屋，首先看到的是堆积在过道里那些长长短短的圆木。

“这些都是茅毅先生从各地收购来的琴料。”徒弟指着一截房梁模样的旧木头说，“制作古琴以风干百年的陈杉木和桐木为佳，所以老师在很多地方都安排了‘线人’，每次听到什么地方拆房子了，他就会第一时间赶到现场。”

穿过放木料的过道就到了堂屋。堂屋的布局和普通的农家很像，不同的是，农家的墙壁上通常会挂一串串腊肉，而云雪堂的墙壁上则挂了一水儿的黑色古琴；农家大门口往往趴着一只狗懒洋洋地晒太阳，而这儿却摆了一个琴案，有一位着衬衫的年轻人腰杆挺得笔直，双手在琴弦上拂动，就像柳枝拂过水面。看到有人进门，他也没有停下的意思，因为这曲《良宵引》正入佳境。

< 每斫好一把新琴，茅毅都要亲自试弹一下

等我们已经和茅毅的小胡子师兄喝了三杯茶，他才走过来端着茶汤轻呷慢饮。趁他饮茶的间歇，摄影师开始观摩那堵琴墙，而我则拿起琴谱。然而刚看到琴谱我就蒙了，那既非五线谱也非简谱，难道是工尺谱？也不是，明明像是汉字，我却一个都不认识。原来这叫“减字谱”，是唐代曹柔创造的古琴专用谱。这种记谱法使用减字拼成符号，记录左手按弦指法和右手弹奏指法。“茅毅老师要求我们必须在斫琴之前学会弹琴，还必须识减字谱。”刚才弹琴的青年小张这时凑了过来。这本厚厚的琴谱是师徒三人的工作调剂，每当他们斫琴累了，就轮番上阵，上演一出“高山流水觅知音”的好戏。尽管绝大多数时候，听琴的只有门前的黄狗和梁上的灰猫，还有那些在田间劳作的村民。

< 茅毅手抄的琴谱

∨ 合上琴盖后的古琴

天地柱 定雅意

茅毅先生饮过一杯茶后，便坐在案前摊开琴谱，自顾自地弹起来，弹到高兴处，闭上眼睛摇头晃脑起来，完全不像春日里看到的那位儒雅书生。三分钟后，一曲弹罢，他才回过头来和我寒暄："抱歉，上午在上海举办的古琴雅集，这曲《归去来辞》我悟出些新意，所以再抚琴会意！"

他自己弹得尽兴，两个徒弟却手痒了，于是他便以徒弟所奏《归去来辞》的琴音做背景，开始斫琴了。

只见茅毅穿过堂屋，轻轻推开东厢房门。东厢房是开料室，屋里正对着门的是一张约一米长、两米宽的案板，上面放着一块条形木板。东边的墙壁上，十几张半成品古琴一字排开，就像稻田中等待浇灌的禾苗。

茅毅一进门，似乎立刻被这些"禾苗"期盼的眼神感染，卷起衣袖，三步并作两步走到墙边，伸手在那些古琴上逐一抚过。最终，他把手指定格在琴模（一块琴形的薄木片）上，将它取下，覆盖在案板上的木板上，随后拿着铅笔在木板上描摹出古琴图形。

"虽然斫琴师们也用银杏、松树等诸多树种做过尝试，但是效果都不太理想。这块木板曾是一栋老宅的大梁，是陈年老桐木，用来做古琴最好不过了。所谓'丝桐合为琴，中有太古音'，古人总结下来的话，

虽然听起来很老土，但是错不了！”茅毅在桐木上边画琴边讲艺。当老桐木上浮现出完整的古琴图形，他把琴模挂在墙壁上，同时取下大锯，从案板下抽出长木凳，把桐木放在木凳上开锯了。

只几分钟工夫，桐木板上就契成了琴形的粗坯。这时，茅毅把大锯挂到墙上，取下约10厘米长的小锯开始精加工。“细活儿需慢工”，小锯一锯就是半个小时。这时徒弟们也过足了琴瘾，看师父在干木工活儿，都很过意不去。他们或从墙上取或从师父手上夺下工具开始劳作。

∧ 画琴形

外形完成后，就开始挖板槽。所谓挖板槽，就是在桐木底板上挖出凹槽。挖内壁时，先要用锉子锉出边沿，然后用刨子把里边的木头刨空。过程和做外形的流程差不多，也是先粗后细，先用大型工具大刀阔斧，然后慢工细活儿，最后用砂纸抛光。此时古琴的“粗加工”就告一段落。

“‘粗加工’完成后，古琴需要挂在墙壁上再风干数月，这个过程物理学上叫‘去应力’，当应力完全去掉后，做出的古琴就不会干裂变形了。”花了两个钟头，茅毅终于加工好了一个古琴粗坯，虽然有徒弟帮忙，但还是累得气喘吁吁。“我通常做一会儿，就躺在床上睡会儿，醒了再接着做。”茅毅把粗坯挂在墙上后，指了指墙角一张小床说。

< 古琴粗坯的制作是一个木工活儿，一般都是茅毅的徒弟完成

刚做好的粗坯被挂到墙上“去应力”了，茅毅凑近墙壁，试图找一个去好应力的粗坯深加工。只见他凑近那些粗坯，时而用手指敲敲，时而用鼻子闻闻，时而用放大镜照照。观察良久，他一口气取下四张琴。“这两张开裂了，拿到库房，做残次品处理；这张有点变形，放到琴架上，研究下怎么矫正；这张还不错，可以进入下一道工序！”四张琴中只有一张入法眼，我不禁在心里感慨，这成品率也太低了。

把那张入法眼的粗坯取下来后，茅毅从工具箱里拿出一根木条，把它放在内板四分之一处，盖上面板后，抽出一根琴弦试音。他试完后摇摇头，把琴弦挪开，掀开面板，把木条往里挪一厘米后，又重复以上动作；又摇头，又重复；继续摇头，继续重复……茅毅在重复这些动作时，表情严肃，以至于他的两位徒弟大气都不敢出。

< 茅毅正在对古琴粗坯的外形进行检查

同一个动作重复六七次后茅毅才满意。他在放木条处用铅笔做了个记号，用植物胶粘上，直至用木签把琴盖封紧。他长出一口气，两位学生也跟着一声叹息。

“这个木条叫‘天地柱’，是古琴的定音器。古琴的音色、音质好不好，首先与材质、形制、做工有关，但最关键的一点，还是这天地柱。古琴虽小，却蕴含了中国人的哲学。底板为地、面板为天，而它们之间的天地柱则是人。这天地柱放的地方恰到好处，古琴才能天时、地利、人和！”茅毅此番话，让我如堕五里雾中。我们之前也拜访过斫琴师，并未见过他们给古琴装天地柱，更未听过这套天地人哲学。

听我这么说，茅毅马上变了一副表情，说：“这就是为什么我要从古琴演奏师变成斫琴师！琴为什么以古为尊？因为古代的斫琴师，首先是琴师，然后才去斫琴。故宫曾经对收藏的 30 多张唐、宋、明的古琴做透视，发现天地柱是标配。为何天地柱被现代人抛弃了？那是因为它虽然有调节音色的作用，但削弱了音量，不符合现代人的演奏习惯。这也难怪，古琴在古时，是和自己谈心的乐器；现在，却变成了和别人交往的道具了！”

髹漆 始成千年器

在安好天地柱、定好音后，就进入了最后一道工序：髹漆。中国自古就有髹漆成器之说。髹，是以漆漆物之意；漆，指漆树伤口流出的树脂。髹漆成器，就是把树漆涂抹在器物表面，制成器具。

摄影师把相机架在院子里，我们开始观赏这“眼球上的中国”：只见小张拿出一个小桶，从其中舀出乳白色的黏液，撕开一个小纸袋，将粉末状物质倒入其中。乳白色的黏液是大漆，而粉末则是鹿角霜。大漆和鹿角霜按 1 ∶ 3 比例调和后涂抹在琴坯上，就是髹漆。髹漆就类似于给古琴穿上钢铁侠的盔甲。

小张一只手提着桶，一只手拿着刷子，蘸了混合物后就往琴坯上抹，混合物一旦暴露在空气中，立马氧化变黑，很快凝固，于是洁白光滑的琴胎就成了漆黑粗糙的灰胎。漆胎干了，有耐酸、耐碱、耐热、耐摩擦的效果。每刮上一层漆胎后，就挂在墙上自然风干，需耗时少则三个月，多则一年。每道漆风干后，都需要赶紧用砂纸把表面打磨好，然后继续上另一道胎。为了让钢铁侠的外衣够威武，漆胎就得多刮几道。

“古代人制琴一般刮三道底胎，我要求他们刮五道！刮完底胎刮细胎。如果说刮底胎是为了让房子更坚固，那刮细胎就好比贴墙纸，是为了让房子更美观！”茅毅边讲解边指挥徒弟们刷漆。“你看老师这样子，像不像个包工头！”终于刷完了一张琴，师兄弟将其抬起放入库房。

“我也希望能够亲手做完每一道工序，奈何对这大漆过敏！还好，风干的髹漆只有淡淡的木香味，不然我就没办法‘调素琴，阅金经’了。”茅毅跟着徒弟们来到库房，看到这些“等风来”的琴胎，露出无限柔情。

库房中一左一右摆着两排木架，每个木架都被竹筒隔成四层，而每个隔间上都摆满了黑漆漆的长方形木头，木头表皮都是粗糙的颗粒，看起来就像蟾蜍的表皮。这都是刷完底胎正在等待风干的琴坯。库房的粗胎有一百来张，再加上挂在堂屋中十来张刮过细胎的，还有厢房里十来张未刷过漆的，便是云雪堂一年的产量。

过百年的陈桐木打底，纯正的鹿角霜做胎，纯手工打造，每一张琴从下料到出厂最少要耗时三年。每斫出一张琴后，茅毅都会将其送往位于南京艺术学院的宅院——岁寒轩。在那里，他会召集友人开一场小型的古琴派对，拿出家中珍藏的北宋仲尼式松雪琴、南宋宣和式灵鉴涵天琴、明仲尼式玉玲珑石琴、清蕉叶式听松琴，将新斫的古琴混入其中，让友人听音辨琴。

∨ 打磨

∧ 试音

> 上琴弦

在古琴与钢琴之间切换

茅毅先生和古琴结缘是因为家族渊源：祖父茅受廷为著名学者，师从国学大师章炳麟先生；祖母高松如是古琴家，诸城派第五代传人，诸城派大师詹澄秋先生入室弟子；父亲茅原，南京艺术学院教授，博士生导师；母亲黄家燕，中学美术教师，国画家王个簃先生弟子；老师梅日强，古琴家，广陵派第十一代传人。茅毅七岁时，在广播中听到古琴声，就对古琴有了莫名的情愫；回到家，看到墙壁上高高挂起的各朝古琴，便认定古琴与自己的命运紧紧相连。他向祖母提出学习古琴的愿望，却被告知这条路没有前途，因此，茅毅暂时和古琴疏远了。

再到后来，茅毅遍学诸多西洋乐器，还东渡日本学习乐器制作理论。后来他回到南京艺术学院教钢琴调音，课上必然要讲到各种乐器的文化、起源和发声原理。古琴，作为中国雅乐的代表，是绕不开的主题。没想到一研究古琴，儿时播下的种子，就此生根发芽，以至让他到了如痴如狂的程度。于是，茅毅辞去了教职，变身古琴演奏家。

拐了一个大弯后，茅毅最终又回到家传的古琴上。然而，做回职

业琴师后茅毅却发现一个严峻的问题：那时，全国弹古琴的人数量非常少，斫琴师更是凤毛麟角。更何况，茅毅从小就被家传高品质老琴吊高了胃口，市场上买来的古琴，无论音色还是形制都让他无法忍受。

出身古琴世家的茅毅竟然到了无琴可弹的境地。自己斫琴？一个“恐怖”的想法油然而生。

觉得这想法“恐怖”，是因为中国文人一向是重道轻器的，而古琴又是文人的专属乐器。要让国学世家子弟做个集农民、木匠、泥瓦匠于一体的斫琴师，是一件难为情的事情。但是对器的不屑没能冷却对琴的狂热。茅毅终于从一个钢琴调音师，转变为古琴演奏家，又转变为古琴斫琴师。

< 岁寒轩里茅毅收藏的古琴

再次见到茅毅先生，是在他南京艺术学院的家中。此时，他在苏州的斫琴作坊已经被拆。“以前那作坊周边环境太糟糕，拆了也好。我为新的古琴作坊，选了一个宁静素雅的环境。古琴是雅乐之首，不仅在演奏时需要知音，斫琴时也需要有仪式感。”

南京艺术学院的家虽小，茅毅却把这里打造得很“园林”：十几平方米的小院子，做成一间阳光琴室，有曲水流觞，有天光云影。茅毅把家里珍藏的老琴摆在琴案上，把祖母传下的老琴谱放在古琴边，坐在蒲团上打琴谱，一下午时间就过去了。

当一曲《高山流水》抚完，室内竟然响起钢琴声——原来，茅毅的儿子放学回来，等老爸打完琴谱后，便开始练钢琴。

“为什么您是古琴师，儿子却练钢琴？”我对眼前这对父子不同的“琴路”提出疑问。

“我祖母是古琴名家，我最初不也当了钢琴调音师嘛！”茅毅说他尊重儿子的选择。先学钢琴，反而是件好事。不管是古琴演奏师，还是斫琴师，都需要他山之石，这样才能跳出自己的小境界。

以前，成为像祖母高松如、老师梅日强那样的古琴宗师，是茅毅最大的梦想。如今，这梦想依然炽热，但是却生出新的憧憬：做问心无愧的斫琴师，不求能斫出像家传古琴那样的精品，只期望能演奏，不致辜负诸城派第六代、广陵派第十二代传人的招牌就够了。

> 在岁寒轩内研究琴谱、弹古琴是茅毅平时最常见的生活状态

∨ 茅毅的祖母高松如是古琴家，诸城派第五代传人

歲寒軒

宣卷又叫同里宣卷，
是起源于苏州同里镇的说唱艺术。
宣卷在清朝同治、光绪时期即已盛行，
以同里为中心，流传于吴江各乡镇，
特别是在乡村，
婚丧嫁娶、新房上梁、孩子满月，都要请宣卷班子助兴。
曾经仅在吴江就有 20 多个宣卷戏班。
随着时代的变迁，
这种民间曲艺已经慢慢地淡出了人们的视线，
如今只有老人愿意来听宣卷，年轻一代都觉得太土，
很少有人感兴趣。
宣卷作为地方曲艺，由于缺少宣传，
没有像苏州评弹、昆曲、京剧一样成为时尚。
赵华是宣卷为数不多的新一代传承人，
每周，他们夫妇都要在社区书场“妇唱夫随”，
已经表演了 18 年。

原汁原味的水乡声音

方言是地域文化身躯上最贴身的内衣。贺知章在《回乡偶书》中感叹："少小离家老大回，乡音无改鬓毛衰。"乡音，是人们最执着的文化认同。

初到同里，感觉有点儿"腻"："小桥流水人家"保存得很完好，但这样的江南太典型。同里和周庄、南浔、西塘一样，有着标准的水乡"网红脸"，缺乏可识别性。直到路过南园艺苑，听见听不懂的"咿咿呀呀"声，就如同发现新大陆——原来，在同里还有一种名为宣卷的地方戏剧，把原汁原味的同里人生活，唱成"中国好声音"。

在南园艺苑听宣卷时，只觉得这是江南版

∨ 如今只有老人来听宣卷，已经没有年轻人愿意听

的“二人转”，或更下里巴人的苏州评弹。

“谁说同里宣卷与苏州评弹比是下里巴人？那是更有群众基础！”舞台上唱宣卷的女角儿对我的言论很是不平。虽说同里宣卷以一个小镇命名，但影响力绝不低于以苏州命名的苏州评弹。

“要了解同里宣卷的影响力，那就去一趟南苑书场。我明天会在那儿给宣卷戏迷唱地道的同里宣卷！”女角儿名叫赵华，是同里宣卷的新星。

南苑书场不在同里，而在吴江区一个普通的小区内。约好的时间是下午 2 点，我们抵达

时，赵华已经在台上开唱了。

一张长不到一米的长桌，桌上铺上红色桌围，桌围上放鸣尺一只，手帕一方，折扇一把；一老一少两位女子站在舞台中央，年老者说，年少者唱；两位着唐装男子中，老者持二胡坐在桌子右边，少者敲打着扬琴坐在桌子左边；舞台下

△ 赵华夫妇创立的这个宣卷班，每周到社区书场来义务给老人表演

面有五六十位大爷大妈，他们分别围坐在五六张大圆桌旁，桌上摆满了瓜子、糖果。

这是一个市井化的同里宣卷书场，以往街坊邻居们听一下午书，只需花两块钱。现在听书的人少了，连听书的门票也免了，政府开了这书场，养着宣卷班子，只为了让这些听着宣卷长大、变老的人老有所乐。同里宣卷从来都不是阳春白雪，它是一门接地气的艺术。最初宣卷的故事都取自佛道经文，是用来悟俗化众、劝善教化，因而有了宣卷之名。

我听不懂台上的吴侬软语，所以向听剧听得捧腹大笑的老大爷打听剧情。大爷搞清楚了我们的来意，来了兴致，撸起袖子向我解释——“咿咿呀呀”的方言，和舞台上一个声调。大爷口若悬河，我听得云里雾里。舞台上的宣卷唱了一个小时后，终于暂停了；大爷说了一个小时后，还没有停的意思。我不懂装懂，假装津津有味地听了一个小时后，只听懂了一个词——“珍珠塔”。

∨ 下午4点演出结束，宣卷班子的艺人们收拾乐器离开

△ 赵华在表演宣卷

戏里戏外 《珍珠塔》

《珍珠塔》讲的是一个发生在同里的爱情故事。自古以来，爱情故事都是伶家“必争之地”。一出《珍珠塔》，越剧、锡剧、潮剧、淮剧，以及苏州评弹都改编成了名段，而古时“同里爱情故事”的发生地的同里宣卷自然不能落于人后。舞台中央那位较年轻的说唱者正是赵华，她是同里宣卷传承人，她唱宣卷的经历，就是一出“同里爱情故事”。

赵华是浙江人，原本不是学同里宣卷的。从戏剧学院毕业后，她到了浙江临安越剧团唱越剧，她和同里的缘分就从这时开始。唱越剧，《珍珠塔》是绕不开的曲目，赵华便是从越剧《珍珠塔》中第一次听到水乡同里这个地方。但她没想到，自己会成为现代版“同里爱情故事”的主角——在越剧团，有一位名叫金献武的同里人当乐队指挥，因为《珍珠塔》和同里，两人慢慢走到一起。

后来，赵华放弃了越剧团的工作，随金献武回到了同里。同里没有越剧团，但同里宣卷中也有《珍珠塔》，而且同里还是《珍珠塔》故事发生的地方，于是赵华便萌生了改行唱同里宣卷的想法。

化市场

“在老家，舅舅金连生就是宣卷艺人，他就是我们的启蒙老师。”赵华回忆起自己学同里宣卷的经历时说。因为有戏剧基础，舞台表演不是问题。问题在于语言，唱越剧用的是嵊州话，而唱同里宣卷用的却是同里话。好在赵华当了同里的媳妇，很容易融入语言环境中，仅仅一年，她的同里话就变得像“老同里”一样正宗。

2000年，当同里周边大部分宣卷剧班解散时，一个全新的宣卷家庭戏班成立了：赵华担任说唱主角，唱越剧的母亲章凤英为了支持女儿，也改唱宣卷，给赵华当说唱配角；金献武则“妇唱夫随”，给妻子敲扬琴伴奏；他的哥哥则为了支持他，来到戏班拉二胡。

唱戏从古至今都是最辛苦的行业之一，对这个初创的家庭戏班而言更是如此。每年，他们320多天在外奔波，辗转于屯村、金家坝、北厍、莘塔这些同里周边的村镇。好在同里宣卷在吴江底蕴深厚，特别是在乡村，婚丧嫁娶、新房上梁、孩子满月都要请宣卷班子助兴，这个草根家庭戏班子慢慢就火了起来。

每周，赵华和她老公都要在南苑书场表演3个小时。这3个小时是老人们的快乐时光，不管刮风下雨，他们都会按时来到书场。下午4点演出结束后，老人们心满意足地离开书场，宣卷班子的艺人们也开始收拾乐器，虽然吹拉弹唱了3个小时，脸上却毫无疲态。

“如今宣卷的观众主要是50岁以上的老人！”赵华看着步履蹒跚走出剧场的观众，发出一声叹息，看着这些老人的背影，就像看到同里宣卷的老去。最近十几年，因为听宣卷的人少了，唱宣卷的戏班子也不断萎缩。如今，年过40的赵华竟然成了最年轻的宣卷传承人。

每周，赵华夫妇都要到这儿来进行一场义务演出，目的是为了丰富老年人的生活，也为了培养新观众。但这个社区书场俨然成了老年人活动中心，年轻人从不涉足，也就无从培养新观众。

最近几年，随着同里旅游慢慢兴起，来水乡旅游，听一出宣卷渐渐成了旅行必备的开胃菜。但对于表演者来说，听宣卷的游客，不能算是真正的观众。因为宣卷是一门舞台艺术，表演者和观众，不仅仅是演和听那么简单。唱得妙时有喝彩，唱得不好时有嘘声，那才是舞

< 赵华在社区书场前

台应有的样子。而不是像现在这样，观众在表演过程中无休止地拍照发朋友圈，演员谢幕时永远只能收获礼节性的掌声。

所以，夫妻俩很珍惜在这社区书场表演的机会。因为这些老人，是听宣卷的最后一代人，也是能真正理解宣卷的最后群体，是宣卷最后的知音。

结束在社区书场的演出后，夫妻俩再次出发，目的地是 20 千米之外的同里中学。那里还有十几个学生等着他们上课。

∧ 学生们跟着赵华学习宣卷

十二三位女学生一字排开，桌上放着唱宣卷的角鱼，一手持敲角鱼的木棍。赵华夫妇一左一右，一站一坐。当金献武扬起手臂拉响二胡时，赵华深吸一口气，翘起兰花指，学生们跟着老师们的节奏开唱……

不仅在同里中学，在同里小学和屯村小学，现在总共有三四十位学生成了他们的学生。赵华虽然对她们选择宣卷作为兴趣倍感欣慰，但从来没指望在她们中能培养出一个宣卷传承人。如果这么

小的年纪，就背负一项使命，那宣卷就成了一座大山，会让人喘不过气。这不是宣卷艺人想看到的——在赵华夫妇眼中，宣卷应该是轻松而愉悦的。

“如今，不仅仅是同里，整个天地都变了。以前宣卷从来都是草台班子，只能走村串巷，上不了台面。如今我教学生时，是把宣卷当成一项高雅艺术来教，而不是像以前的师父教徒弟那样，怎么能取悦观众怎么来！”赵华用其他戏曲的唱腔、身段、指法来改良宣卷的表演形式，而金献武则试图让宣卷从内容上更现代化。

同里宣卷是诞生在水乡同里的曲艺，《珍珠塔》展示了古时的同

赵华夫妇一左一右，一站一坐于学生们的面前开始上课

里爱情，而赵华夫妇的新宣卷《乡下街上人》则反映了千年古镇的新境遇——城乡一体化，这是所有中国乡村面临的新问题。

2011 年 11 月，《乡下街上人》在第十一届上海国际艺术节“浦东北蔡杯”长三角地区曲艺邀请赛中获得金奖，宣卷第一次让世界静下来听水乡的声音——接地气的宣卷慢慢成为高雅艺术，成为小众艺术。但水乡年轻一代的生活里，已经没有了宣卷的声音。

如果世界没有了宣卷，就像一条河里少了一条鱼，世界完全觉察不到。

可是如果同里没有了宣卷，就会像河道里没有了船，失去了生气。

每个水乡人，都会唱《江南》

很讽刺的是，作为同里的曲艺正统，宣卷越来越不为人所知，却有一位老奶奶，唱着山寨的同里宣卷登上了《中国达人秀》，以至于很多人来同里，就是为了听她的声音。

每天早上 9 点半，她都会出现在江南水乡的河道边：头包花毛巾，身穿花棉袄，臂挽印花袋，手拿笔记本。这身行头为她赢得几乎百分百的回头率。老奶奶名叫姚金秀，是位“歌女”，已经在古镇卖唱将近 20 年。

姚金秀今年已经 70 岁了，是古镇诸多卖唱“歌女”中最年长的一位。但是她觉得自己一点儿都不老，不愿别人叫她老奶奶，喜欢人们叫她姚大妈。

其他 70 岁的老人，每天坐在自家门口晒太阳。姚大妈每天早上 8 点多就出门，走十几分钟路，再坐半小时公交车，来到同里古镇唱民间小调赚养老钱。

古镇上像姚大妈这样自食其力的老人还有很多。早上太阳出来时，她们就会在小河边摆个摊，“守株待兔”。姚金秀和她们不是同一个套路——她没有摊位，边走边唱。见到每一个客人都点头微笑，遇见外国人则凑上去说：“Hello！”

在我眼中，她不是一位卖唱的老奶奶，而是一位行走如风的行吟诗人。“行吟诗人”看到一位 80 多岁老奶奶的摊位无人问津，便停

了下来。

老奶奶的摊位卖的是她亲手织的毛线鞋和帽子。姚大妈清了清嗓子，站在摊位前开唱，嗓音像阳光扫过河面，泛起粼粼波光，游客们闻声而来，向摊位聚集。

等到摊位前聚满游人，姚大妈的歌声戛然而止——她瞬间化身推销员，一个劲儿地夸老奶奶的手艺好，是“同里毛线女王”。夸得老

∧ 姚金秀已经在古镇卖唱将近 20 年

奶奶自己都有些不好意思了，说姚大妈是和她齐名的“同里民间歌神”。

天气冷，游客在姚金秀的推荐下，买了几顶老奶奶织的帽子，但却没人点姚金秀的歌。姚大妈心态很好，没人点歌，就自己散步、看风景、锻炼身体。姚大妈说，能自由出入古镇唱歌，她就心满意足了。

姚大妈曾经是村里的赤脚医生，50多岁时“下岗”了，闲来无事就在附近的古镇唱歌赚点钱。老伴沈加生也支持她的想法，还特地给她进行了“包装”：头上包头巾，是当地妇女的传统，身上的衣服是老伴亲自设计的，而手上伴奏的乐器，则取自当地的地方戏剧——同里宣卷。

姚金秀最开始在离家更近的江南古镇周庄卖唱。但周庄对卖唱管理很严，可姚金秀很顽强，凭借自己的嗓音，慢慢在周庄唱出了名声。

2000年，周庄全福寺举办赛歌会，姚金秀被旅游公司邀请去景区唱歌，从此成为方圆几十里的“金嗓子”。姚金秀唱出名声后，周庄一下子冒出了几十个老太太，效仿姚金秀唱歌赚钱。姚金秀于是决定离开周庄，到离家半个小时车程的同里闯荡。

虽然姚金秀离开了周庄，但是周庄卖唱圈还有关于她的传说。2010年，周庄是亚太经合组织会议会场之一，姚金秀又被请回周庄。各国首脑、代表们在会议结束后坐上手摇船，欣赏姚金秀为他们演唱的《摇船歌》等吴歌小调。

同年，姚金秀登上了《中国达人秀》。登台的那天，腰部不适的她坐在椅子上唱了一首《天涯歌女》，艺惊四座。评委高晓松点评：“江南小调由江南人唱出来，不但唱出了江南的味道，也唱出了那个时代录音不好，听上去很单薄的感觉。”

高晓松一语中的，姚金秀唱歌，完全是自学成才——老伴沈加生说：“为了唱好歌，姚金秀买了好多DVD碟片和磁带，练了十几年！”

成名并没有改变姚金秀的人生。曾经有外地的旅游公司特地到同里来高薪请她到外地的水乡培养歌女，在游船上边摇船边唱歌。姚金秀在外面待了两个月，又回到了故乡。

如今，姚金秀依然在同里卖唱。每当有游客向她张望，她就迎上前去展示自己的点歌单：有些是流行歌曲，有些是民歌戏曲，有些是自创的江南小调，甚至还有英文歌曲。

冬天是同里旅游的淡季，姚金秀在古镇里转了半个小时，总算有人点歌了。姚金秀站

△ 姚金秀和古镇上的老人已经是老熟人了，平时会在一起聊聊天

在石拱桥上，边唱民间小调边敲打角鱼伴奏。在她和角鱼的一唱一和间，整个古镇都安静了下来。

一首歌唱完，客人给她十元钱，转身就走了。姚金秀追在后面问："十元钱三首，你还有两首没听呢！"客人回过身向她摇了摇头示意不听了。

姚金秀呆呆地看着客人的背影，若有所失。她说自己来这里卖唱不是为了赚钱，她喜欢唱歌，希望有更多人能听到她唱出心中的江南。

"凡有井水处，皆能歌柳词。"
这是宋代词人叶梦得眼中的市井生活。
现代人对宋代生活推崇备至，
有的人甚至认为"宋代美学领先世界千年"。
宋代生活是什么样我们未尝得见。
但在贵州黔东南的侗寨，
"凡有鼓楼处，皆能唱侗歌"却是真实的生活图景。
不仅如此，
在榕江县一个名叫宰荡的村庄，
这里有一句谚语："饭养身，歌养心。"
唱歌为何会被上升到和吃饭一个高度？
就像苏东坡所言："宁可食无肉，不可居无竹。"
肉和饭只是为了果腹，
而竹与歌则关乎精神世界的和谐。

听懂大歌 就读懂堂吉诃德

第一次听说侗族大歌，是在一则偶然看到的新闻中：歌手吴虹飞带着几个侗族姑娘进行侗族大歌全国巡演，有时演出所得还凑不够路费。有人问："既然这样艰辛，还坚持什么呢？"吴虹飞不回答，只让大家静下来听歌。

再一次听到大歌是几年后。一位做民间艺术保护的朋友讲了一个故事：一个名叫青曼的年轻人，聚集了一群来自五湖四海的朋友，每年都会到贵州深山中的侗寨，以贩卖当地橙子的方式筹款，资助侗族大歌保护工作。连我那位朋友都不理解，当着我的面质疑青曼："侗

∨ 侗寨学歌的孩子们

族大歌现在连侗族年轻人都不再唱了，你还保护什么呢？”青曼不回答，只带我们到侗寨听歌。

“我是苗族人，10年前我去一个苗族村寨旅行，看到所有苗族姑娘都穿着苗装唱苗歌，我才发现自己连苗语都不会说。侗族没有自己的文字，他们世代用歌声传承民族的历史，用歌声修身养性。”青曼，是那个苗族村寨的名字。从此以后，她便有了“青曼”这个花名。如今，很多聚集在青曼身边保护侗族大歌的志愿者都只知道青曼，不知道她的真名。

吴虹飞和青曼对侗族大歌的狂热，让我觉得有必要走进这个至今还由侗族大歌主导的世界。

这是一个名叫宰荡的侗寨，因为公路的开通，已经不像以前那般“原汁原味”，但村寨里还保存着完整的鼓楼。黄昏，侗寨乡村歌师坐在鼓楼前唱起歌，玩耍的儿童安静下来，默默聚集到歌师身边。歌声就像集结号，聚集的孩子越来越多。孩子们一张嘴，整个世界都安静了——此刻，我才明白什么叫天籁之音。

青曼带我“闯入”宰荡村时，一群侗族姑娘在村口拦住了我们，这是侗族迎客的风俗——拦门酒。每有客至，寨子里的人都要全村出动，用绳索拦住寨门，客人需要对歌饮酒

< 唱侗族大歌、吹芦笙在侗寨是一种日常生活

吃糯米腌肉方可进村。

喝完拦门酒后，侗族汉子们跳着芦笙舞开路，把我们引入村里的鼓楼。鼓楼中央燃着熊熊篝火，篝火旁除了正对着的门，其他三个方位都是盛装的侗族男女。待客人在正对门的长凳上坐定后，一位60多岁的阿姨一声令下，鼓楼里响起如虫鸣鸟叫一般的歌声。这歌声没有伴奏，也无人指挥，村民们就用不同的嗓音秀出多声部的自然和声，清脆绵长的歌声就像针灸的长针，让听众席上的我们的五脏六腑瞬间

通透。

此时，我才明白，为何吴虹飞和青曼会那般痴迷侗族大歌——这是一种有魔力的音乐，会自然而然地把听众变成为理想和风车搏斗的堂·吉诃德。

∧ 宰荡村村民围着鼓楼里的篝火唱侗族大歌

有歌师的村庄 才有精神寄托

侗族村寨成百上千，为何唱侗族大歌的传统在其他村寨大都已消失，在宰荡村却保存得如此完好？因为这里有一位歌师守护。

守护宰荡村的歌师名叫胡官美，她家就在宰荡村鼓楼的斜对角，开着一家乡村小卖部。这里像中国其他的村庄的小卖部一样，是村里最重要的社交场所，孩子们每天都会围绕着小卖部打转，老人们也愿意坐在小卖部门口聊家长里短。但这个小卖部又和中国其他地方的不太一样。其他村庄的小卖部，每到农闲时必定会有一桌麻将或者棋牌，但宰荡却没有玩牌、打麻将的习惯。

每天吃过晚饭，寨子里的小孩会自发聚集在歌师胡官美家里，胡官美会义务教孩子们唱歌。这个习俗，其实并不是一开始就有的，而

∧ 每当夜幕降临，村民就会把孩子送到胡官美那儿学唱大歌

是始于 40 多年前胡官美嫁到宰荡村的时候。

胡官美的娘家在距宰荡村 12 千米的从江县五架村。胡官美和爱人杨胜锦相识，源于五架村和宰荡村举行的一次“行歌坐月”活动。所谓“行歌坐月”，是侗寨之间自古流传的社会风俗：一个村寨的青年男女会经常按约定到另一个侗寨做客。做客时，还会举办赛芦笙、对歌等娱乐项目，以创造更多机会让青年男女们相识。胡官美和杨胜锦是各自寨子里最有名的歌手，于是二人就因对歌相识了。

胡官美 20 岁那年，杨胜锦又一次去五架村“行歌坐月”，和胡官美对了 3 天歌后，两人私订了终身，胡官美就嫁到了宰荡村，带来的最贵的嫁妆，就是她那副歌喉。

胡官美和杨胜锦两人因侗族大歌相识，但宰荡村的大歌和五架村的大歌却有很大的不同。那时宰荡虽然有唱大歌的风俗，但以男女之间对歌居多，更多的是个人娱乐；而五架村的侗族大歌，以全村人在鼓楼里合唱居多，更多的是一种集体活动。胡官美嫁到宰荡村后，很自然地把家乡唱大歌的方式带到了宰荡。

婚后两人生了两女一子，胡官美就像在老家时那样，在自家堂屋里教儿女唱歌。因为胡官美年轻时就是远近闻名的歌师，每天晚饭后教自己的孩子唱歌时，邻居家的孩子们也会被歌声吸引，加入学唱的行列。久而久之，孩子们吃完晚饭后到歌师胡官美家学唱歌，便成了村里约定俗成的传统。

胡官美这位乡村歌师已经义务教歌40多年。以前，孩子们不上学，侗族大歌就是他们的人生启蒙课。如今，世界已经不止大歌这一种声音——先是有了收音机、电视，再到后来有了手机、网络，但唱歌对于村民来说，是比电视节目和网络更有吸引力的娱乐方式。当初那些到胡官美家学歌的孩子已经为人父母，但每天晚上吃完晚饭，他们都会把孩子送到歌师家中学唱歌。

∧ 跟胡官美学唱大歌是宰荡村的孩子们最喜欢的事

< 胡官美坐在鼓楼里，墙上挂满了她带领孩子们获得的奖状

经过胡官美一家两代人不断教歌，歌师之家已经培养了600多名会唱侗族大歌的学生，这也让宰荡村的侗族大歌从青年人“行歌坐月”谈恋爱时助兴的表演，开始融入生活。如今，宰荡村甚至有了“饭养身，歌养心”的谚语——经过乡村歌师40多年的滋养后，侗族大歌已经成为侗寨的精神寄托。

∧ 宰荡村大歌队队员大部分都跟胡官美学唱过侗族大歌

> 女孩子唱起大歌时，一个个都全情投入

闻歌而来 踏歌而去

宰荡村是一个自然风光并不出众的村庄，但最近几年，这个小村落已经慢慢成为背包族到黔东南必游的目的地。很多人来这里，不是为了看风景，而是为了看一眼“成为风景的人”。

宰荡村之所以有如今的人气，是因为胡官美教出的学生在接力代言。最开始接过胡官美班的，是她的大女儿杨秀珠和小女儿杨秀梅：在 2006 年第十二届 CCTV 青年歌手电视大奖赛中，她们带领的蝉之歌组合因参与演唱侗族

穷可

< 胡官美的子女如今已把大歌带出了宰荡

大歌经典曲目《大山真美好》夺得原生态唱法银奖，同时也获得“观众最喜爱的节目”奖。

如果说胡官美嫁到宰荡，让侗族大歌在宰荡生根，那女儿们在全国歌唱比赛中获奖，则让宰荡的侗族大歌开始有了“江湖传说”。

如今，宰荡村鼓楼内，每天都要接待好几拨慕名而来的旅客——喝一碗宰荡村别具一格的拦门酒，听一曲鼓楼里宛若天籁的侗族大歌，到歌师之家上一堂大歌课，吃一顿侗家长桌宴，已经成为到宰荡的旅行者们的保留项目。宰荡鼓楼里的侗族大歌演唱慢慢地由村民们自发的娱乐，变成有组织的演出。每天少则一两场，节假日甚至要唱四五场。每一次表演，少则二十来人，多则全村出动。虽然每次演出，每位参与者一般只能分到不到 10 元的出场费，但村民已经很满足。

“以前，孩子们觉得唱侗族大歌太老土，不愿意学，但现在看到世界各地的人跑来花钱看他们表演，甚至请他们到北京去表演，他们的积极性就大大提高了。学校开办了侗族大歌班，选择这个兴趣班的比任何科目都多。”胡官美的大女儿、宰荡村加索小学的杨秀珠老师说。

杨秀珠教学生文化课之余，会在放学后义务教孩子们唱侗族大歌。村里的侗族大歌传承，已经从母亲胡官美的歌师家庭教歌模式，转变为女儿杨秀珠在学校的课堂教学。学校的教歌条件更好，也更系统。随着参加侗歌班的学生越来越多，演员的水平也越来越高。不断有社会组织甚至是商业机构发出邀请，希望学校的侗歌班能走出大山，到各大城市演出。

我不在侗族大歌演出现场，是通过网络看到孩子们的各种表演。网友们纷纷留言询问：“这种表演在哪里看？多少钱？”

回想起几年前，看到吴虹飞带领侗族大歌队巡演筹不够路费的新闻，想起青曼为保护侗族大歌带领一帮年轻人卖橙子的故事，感觉时间过去了好多年。

每逢上演电影大片，
湖北省云梦县小小的电影院就被年轻人挤得水泄不通。
他们绝对想不到，
在云梦，同样被挤得水泄不通的，
还有一家名为“梦泽皮影戏馆”的老戏馆。
每天，戏迷们从四面八方赶到这儿，
只因“百戏之祖”皮影之魅力。
秦礼刚 28 岁时，成了一名皮影戏艺人，
每年 364 天，躲在光与影背后用皮影做“rap 秀”。
40 年过去了，
当年耍皮影的青年已经成为名动天下的“皮影王”，
而当年看他皮影戏的戏迷已经成了老头老太太。
各地游客慕名而来，
是为了追逐皮影的光与影，
但老街坊们到老秦的老戏馆，
是为了老友相聚看老戏，
续写几十年如一日的老感觉。

老人老友 老戏馆

梦泽皮影戏馆内观看皮影表演的老人们

上午 10 点半，梦泽皮影戏馆门口就停满了各式"豪车"——老头老太太们骑着自行车、摩托车、电动三轮车从小城各个角落赶过来。看到电动三轮车厢坐着两个外地小青年，老人们纷纷点头示意："前几天有几个外国人坐着三轮车来这儿，在老秦这儿住了好几天，说是拍电影。你们是看了他们的电影后才过来的吧！我们老秦成了国际名人喽！"老人谈论老秦的那份自豪，就像谈论自家兄弟。

难得演戏的老秦和看戏的老人都有这份信心。我没有告诉他们，我只是一名民艺探访者。通常，只有像老秦这种深藏不露的艺人才会进入我的视野。

载我来的老人停好车后，径直走到皮影戏馆大门口，从怀里掏出老花镜朝门口悬挂的小黑板上望。小黑板上用粉笔字写着几个大字——今日皮影《三侠八俊十二雄之逼死皇帝》。

“看来今天有好戏看了！”老人自言自语地走进皮影戏馆。这所谓的皮影戏馆，其实就是秦礼刚家的堂屋。100 平方米的大堂内，放了 3 组长凳，每组则由 7 条长凳组成。每条长凳上坐了少则两三个，多则六七个老人。皮影戏还没开演，老人们或围在一起打长牌，或趴在凳背上打盹，更多的人端着茶杯望着堂屋正中央的那块白色的幕布发呆。

我拿出手机，想拍下这小城戏馆开演前的盛况，发现堂屋靠里边的楼梯中央，一位着中式长衫的中年人向我挥手——这就是“皮影王”秦礼刚了。“我的皮影馆好找吧！”

楼梯直通到二楼的露台，露台中央有一个凸起的天井直通到楼下，秦礼刚坐在天井旁边

∧ 秦礼刚皮影表演的台词一般都是现编的，笔记本上只是记录一个大概的剧情提示

< 秦礼刚的搭档负责拉二胡伴奏

喝茶边啃馒头。

“我的皮影戏馆已经开张30多年了，每年除了除夕，364天从不间断。每天演出的时间从中午11点半到下午2点半，所以我现在得储存点能量！”秦礼刚啃着馒头，端起天井上的水杯。我走到天井边往下看，阳光跟随着我的目光射入井中，投下一个圆形的光斑。光斑之中出现诡异的场景——正有成百上千的“人”和“马”潜伏在里面——原来露台底下就是秦礼刚的皮影戏后场，这些“人”和“马”，就是秦礼刚要操控的皮影戏人偶。

皮影戏是服务于乡村的戏曲，以往每逢有婚丧嫁娶或是逢年过节，戏班子就会被请到各个地方表演。城里大户人家会请昆曲班、京戏班；村里人请不起大戏班，那就请皮影戏班。一个演唱，一个配乐，两人把家伙往货架中一放，就可以走村串巷了。但是从20世纪80年代开始，大量农民外出到城市务工，皮影戏的观众大量流失，秦礼刚和他的皮影戏不得不跟着“进城”。

到工厂务工的乡亲们一般在中午11点半到下午2点半休息。秦礼刚的皮影戏班就趁着他们吃午饭的时间，在工厂边找个空地，撑一块白布，皮影戏就开演了。这时，工人师傅们就端着饭菜开始看戏了。秦礼刚就是凭借自己在工人午休时间挣得的“票房”，1984年在云梦县城盖起了这栋二层小楼。从此，“梦泽皮影戏馆”结束了在田间和工厂间的“流窜生涯”，安定了下来。

30年过去了，当年进城工作的人们已经退休，但是皮影戏表演的时间一直维持在中午11点半到下午2点半这段“午休”时间；票价一直维持在2元一场。秦礼刚虽然对自己的皮影戏有足够自信，但他也知道，很多戏迷来这里并不仅仅是为了皮影——当年这些人年轻时从

农村赶到云梦县城务工，如今他们的子女又从云梦县散到全国各地。老人待在“空巢”中索然无味，不如就到皮影戏馆，会会老友、看看皮影、打打牌。

∧ 等皮影戏开场的老人们

馒头茶水皮影

混搭午餐

摄影师等得很着急，因为戏马上就要开演，但是秦礼刚还在不紧不慢地和我聊天，似乎完全没有为要开始的皮影戏化装、准备的架势。

“化装？那是多此一举，我只躲在台后而已。准备？没那个必要，这戏我信手拈来！”临开场前五分钟，秦礼刚才端着茶杯下楼，此时整个剧场早已座无虚席。秦礼刚从长凳缝隙间挤进后场，推开木门，悬挂在绳索上的皮影早已严阵以待。秦礼刚从皮影中钻过，皮影站在幕布后面的木台上。这时急促的鼓点突然敲响，鼓声来自后场角落，一位袒胸露臂的老者正在击鼓。老者怀里抱着一把二胡，周身环绕着锣鼓——他是这皮影戏班的配乐。其他地方的皮影戏班，配乐需要二胡手、鼓手、锣手各司其职；前台演唱、操纵皮影者各就各位。但是，

云梦皮影却只要配乐一人，演唱和操纵皮影，秦礼刚一人就能胜任。

“以前的云梦皮影戏，也像其他的戏班一样，有五六个人，但是后来，因为云梦的茶馆多了，皮影戏班多被邀到茶馆表演。茶馆没那么大场地，还要缩减成本，所以就只能轻装上阵了！”秦礼刚用手在那些皮影人上一拂而过，就如同出征的统帅沙场秋点兵。待配乐一起，秦礼刚从悬挂的众皮影中牵出两人，双脚在地板上一跺，嘴里开唱。皮影一出，掌声雷动。

秦礼刚面前摆着一本做满了各式记号的笔记本，这便是今天上演的剧目的剧本。可是开场半个小时，笔记本也未曾翻动一下。秦礼刚基本上是脱稿表演，笔记本上只有一个故事大纲，怎么唱得由自己发挥。每一场演出，秦礼刚都集编剧、导演、演员为一体。所有的表演

∧ 沉浸在皮影戏世界的秦礼刚

都是即兴的，偶尔才会瞟一下笔记本，然后又继续边唱边跳。如果不是亲眼所见，我真不相信眼前是位 65 岁的老人，简直像是黑人乐队中唱 rap 的明星。

秦礼刚对自己的嘴皮子功夫很自信："我从小就爱看皮影，小时候就立志当个皮影艺人。改革开放后，皮影戏被'解禁'，重新允许表演，我就头也不回地扎进了这些傀儡之中。那时我是生产队里的壮劳力，干一天活儿拿 10 分工，挣 3 毛钱，但我晚上在打谷场上演一场皮影戏就可以赚 10 块钱！所以当时在我们云梦农村，学皮影是一件时髦的事情，就像现在的年轻人梦想着做明星！"而秦礼刚之所以能从那些怀揣着"皮影梦"的年轻人中脱颖而出，靠的就是"学女人像女人，学孩童像孩童"的好嗓子。

已经是午饭时间，但秦礼刚似乎没有让皮影们休息的打算。剧场里的戏迷们也没有一人离去，反而有不少背着泡沫箱卖糕点、馒头的小贩光临。看到谁从小贩处买了馒头，就有一位拎着铜壶的老太太走过来向他递一杯茶水——她是秦礼刚的夫人。这剧场虽小，却是皮影戏馆和茶馆的合体。秦礼刚在后场负责演皮影，而秦大妈则在前台为戏迷们端茶送水。戏迷们接过茶水后，就开始用皮影戏做菜，用馒头当午餐——30 年前，秦礼刚为了迁就进城务工的乡亲，在他们午餐时间表演； 30 年后，乡亲们为了迁就秦礼刚，把自己的午餐搬到了秦家皮影戏馆。

皮影无皮，影戏有戏

历时3个小时的演出终于结束，秦大妈守在门口收票。茶钱和戏钱加在一起，每人2元钱。今天又满场了，秦大妈算了算今天的收入，差不多300元。秦大妈收完票上楼给老秦做午饭。刚表演了3个小时的秦礼刚从后场出来，拿了扫把，和年近八旬的母亲一起打扫皮影戏馆。

“老秦，明天演什么剧目？”有位戏迷刚骑上电动三轮车走出百米后又折返回来。

“欲知后事如何，且听下回分解！”老秦边扫地边回答。秦礼刚的皮影戏，内容多来自

∨ 上色后的皮影

《三国演义》《水浒传》《七侠五义》等传统文学作品，但是加入了很多自己的即兴发挥。他的皮影剧目一共有 200 多个，每一个剧目又有若干出。所以，秦礼刚的皮影戏能连演五年不重样。即使是铁杆戏迷，也不知道秦礼刚接下来要唱什么戏。

看不懂秦礼刚唱什么皮影戏的，还有皮影专家。

在二楼的皮影制作工作室内，秦礼刚从墙壁上的绳索上取下了一只皮影，是红脸、长须、丹凤眼的关二爷。

“摸摸看，这关二爷和你以前见过的皮影戏班里的有什么不一样？”秦礼刚把取下的傀儡关公递到我面前。

眼前的皮影，脸上的情态栩栩如生，身上的衣服线条和造型有京剧神韵，但是摸起来完全没有皮质的肌理——皮影是用风干的驴皮制成，因而得名。让我大感意外的是，秦礼刚的皮影“演员”都是塑料制成的。

“为什么做皮影的材料一定得是驴皮呢？古人用驴皮，是因为找不到更好的材料。如今的云梦县已经没有人养驴，已经‘一皮难求’了。如果去北方采购，成本巨大。更重要的是，用驴皮制作的皮影‘不听话’，太湿会腐烂，太干又会起皱翘起。而且驴皮太厚，不透光，观众视觉体验也不好。”提起皮影的材质，秦礼刚有点愤愤不平，因为他对皮影材质的革新，虽然得到了观众的认可，却备受专家质疑，因而落选国家级非物质文化遗产代表性项目代表性传承人。直到 2013 年，秦礼刚专门做出了几套驴皮皮影，这“皮影王”才通过专家审核，成为国家级非物质文化遗产代表性项目皮影戏（云梦皮影戏）代表性传承人。

秦礼刚用塑料替代驴皮，给皮影制作带

∧ 皮影雕刻

< 雕刻皮影的工具

来巨大的革新。为了让人物更有画面感，他在人物脸部和服饰上涂绘印刷油墨，这样，灯光透过皮影后，画面就变成了彩色的，人物形象更加逼真。

秦礼刚说："皮影戏是百戏之祖，电影电视都是学皮影，以前皮影是黑白的，所以电影电视都是黑白的。后来电影变成彩色的了，皮影却没有与时俱进，一直是黑白的，所以才没什么人看了，那肯定是不行的呀！"

所以秦礼刚不断向电影"偷艺"来改造皮影。先是把皮影变成彩色，然后是学习电影的布景。每一出皮影戏，他不但制作了各式各样的皮影人物，还制作了与之配套的各种道具——山川树木、云霞闪电……

虽然皮影戏因为本身的局限，不可能像电影特效一样做得那样酷炫，但秦礼刚却在自己这一亩三分田中，不断变换出新花样。无数戏迷们追随着他一看就是三四十年，很多剧情都已经滚瓜烂熟。正是秦礼刚在皮影上进行的"微创新"，抓住了观众们的心。

每场皮影戏都有少则数十个，多则上百个人物出场

当孙大圣遇见交警

下午 3 点半，秦礼刚才吃完午饭。趁着光线还亮，他拿出一张塑料板和若干纸片，赶工制作皮影人。

秦礼刚先在纸片上用铅笔画出了两个人物造型：一个是穿着制服的交警，一个是头戴紫金冠的孙大圣。剪出人物后，他把纸人贴在塑料板上，用特制的拳刀把人物造型在塑料板上一一勾勒出来。“把人物雕刻出来后，还要用油墨上色，皮影人虽然躲在幕布之后，但是细节绝对马虎不得。因为，银幕上的影像，都是皮影人的投影。皮影人有缺陷，灯光就会把这些缺陷放大。现在皮影本来就行情不好，如果在皮影人上再马虎，就把观众得罪光了！”

皮影材质改用塑料后，不仅成本降低了，工时也缩短了。很快，孙大圣和交警就跃然“塑料”上。这两个看似风马牛不相及的人物，是新剧目中的主人公：孙悟空被压在五行山下，没能等来唐僧的营救。到了现代，开发商带着挖掘机把五行山夷平了。孙悟空回到花果山，却发现那里已成为风景区，门口被各式车辆堵得水泄不通……于是故事、造型和寓意全新的皮影戏就开始演绎了。

这样大胆出位的故事，云梦县的老戏迷能接受吗？秦礼刚也心存疑问。但总要做出尝试，毕竟靠皮影戏馆每天差不多 300 元的收入，云梦皮影是传不下去的。

∧ 秦礼刚自己创作的交警形象皮影

∨ 秦礼刚的孙子秦朗是秦家皮影传人

作为皮影行业技艺最精湛的艺人，10多次上中央电视台，3次上《新闻联播》，多次受邀出国表演，还专门有外国人来给他拍纪录片，秦礼刚有足够的自信。但对于整个皮影行业的未来，他却说看不太清。

最近几年，随着社会对传统文化关注度越来越高，云梦皮影慢慢成为当地的名片之一。秦礼刚的名声也越来越大，经常有外地人组团来他的皮影戏馆看戏。秦礼刚也经常会接到一些商业演出邀请，每年都会到全国巡演。皮影戏养活一家人是没问题了，秦礼刚再让家人继承这技艺就有了些底气。

秦礼刚有3个子女，但他们的人生轨迹都与皮影无关。这不仅是因为他们没有演皮影戏的天赋，更重要的是他们看不到皮影的未来。秦礼刚把希望寄托在14岁的孙子身上。十几年前的一天，正在后场表演的秦礼刚猛一回头，发现2岁半的孙子秦朗正学着自己的样子，拿着皮影在墙上比画，这让秦礼刚大为惊喜，从此开始有意识地向孙子传艺。2005年唐山国际皮影艺术展上，4岁的秦朗双手持4只皮影表演《孙悟空大战牛魔王》，轰动全场。

孙子从小就在家里的皮影戏馆长大，对皮影有天然的情感。秦礼刚也憧憬过以后爷孙一起登台的场景。但孙子慢慢长大，对外面的世界充满好奇，现在他的梦想，是成为一名宇航员。

秦礼刚尊重孙子的选择，如果他成年后选择与皮影无关的行业，他不会干涉；但如果他将来选择皮影，自己的皮影戏馆就必须撑到孙子入行的那一天。不仅要有吸引那些老戏迷的老戏，还得有能抓住年轻人眼球的新皮影戏。

秦礼刚和他的皮影

天津
扬州

约上三五好友，
找一家老茶馆，一壶茶、一袋瓜子、一盘西瓜，
听相声、评话、快板过一天。
这在大家眼中，是老头老太太们的生活，
网络兴起后，微博、微信、抖音慢慢成为年轻人心中的茶馆。
昔日占据舞台中心的曲艺艺人，
早已成为大家眼中的“过气网红”，
依然守在茶馆这个过时的赛道里。
从北方的曲艺之乡天津，到南方的评话中心扬州，
我们闯入曲艺人的世界，
试图告诉他们，这世界的变化早已天翻地覆。
但他们依然一袭长袍一把扇，
淡定地自说自唱。
既然这个世界每天狂飙突进，我们铆足了劲都追不上，
那不如安心做一个淡定的人，
守住茶馆这一亩三分田。

寻音：绸缎庄里相声馆

我们来到有“津沽第一老街”之称的天津大胡同估衣街，但这里与我们想象中截然不同：旅行攻略中说这里是天津商业的发源地，是华北地区小商品集散中心，但眼前却一派萧条——街道两旁几乎所有的店铺都关闭着，几百米长的老街上竟然没有一个人影，一时竟然让人产生错觉——是不是我们来得太早，店铺还没开张。

长长的街道上，有几个年轻人骑着共享单车穿过，我连忙打招呼问路：“老字号绸缎庄谦祥益是不是还在营业？”

年轻人把单车停在我们身边说：“这条路上有很多老字号，瑞蚨祥、瑞生祥、元隆、老茂生、谦祥益……但最近一年多这里拆迁，所有的老字号都关了，唯有这家谦祥益是个例外。因为它早就不做绸缎生意，改成茶馆了。您跟着我们，我们也正准备去谦祥益听相声！”

年轻人把我们带到一座雕梁画栋的建筑前，锁好单车进去了。我在门口边等待要采访的相声演员，边打量着这座华丽的建筑。建筑呈现出一派祥瑞：墙壁上是松鹤延年的浮雕，门洞两旁朱漆柱上刻着“谦为盛德四民益；祥乃福源万业隆”的对联　　这是估衣街上老字号惯用的装饰，颇具市井气息，期望以此与大众打成一片而基业长青。

老街上曾经经营丝绸布匹的老字号有“八大祥”，分别是谦祥益、瑞蚨祥、瑞生祥、瑞增祥、瑞林祥、益和祥、广盛祥、祥义号，其中谦祥益规模最大，不仅在天津为八大祥之首，鼎盛时在全国有 24 家分店。但丝绸布匹行业是夕阳产业，最终人去楼空。绸缎庄衰落后原址被改建成天津相声博物馆，最终以“谦祥益文苑”之名重新出现在大众面前，成为一家相声茶馆。

每天，茶馆会安排两场演出：下午场 4 点半到 6 点半，晚场 8 点半到 10 点半。每场两个小时，有 10 多位从 20 岁到 70 岁的演员同场表演，票价一场 60 元。看一场演出，差不多是一场电影的时间，票价也差不多是一场电影的票钱。

我们本以为要拜访的相声演员像谦祥益一样，是“老古董”，没想到却是位年仅 32 岁的玉面小生，名叫管新成，在这百年老店中表演已经整整 10 年。游客来这里参观，建筑是凝

> “谦祥益保记”原是百年绸缎庄，如今被改建成天津相声博物馆

∨ 天津是北方的曲艺之乡，很多孩子都是泡着茶馆、听着相声长大的

固的历史；管新成在这里表演，相声是他的生活日常。

我们很好奇，为什么年纪轻轻的管新成会选择相声这门古老的曲艺。但在他看来，作为一个天津人，选择曲艺作为自己的事业，是天经地义的事情。

天津是北方的曲艺之乡，无论是快板还是相声，甚至是京韵大鼓，都有着无比深厚的群众基础。很多孩子都是泡着茶馆、听着相声长大的，听相声早已变成天津人的生活方式。

“你看看这茶馆里的茶客，很多都是六七十岁的爷爷奶奶，带着六七岁甚至两三岁的小孩。我从小也是在茶馆里听着各种曲艺长大的，能登台表演，是很多小观众的梦想，所以长大后选择在茶馆里表演，再正常不过了！”

登台：小心地维护这份『城市遗产』

演完下午场后，管新成走出茶馆，简单吃个晚餐，又迅速回到茶馆，准备晚上的表演。这时，离晚场开幕只有不到一个小时。

管新成像往常一样，在茶馆的各个角落游走，或在二楼的贵宾席俯瞰，或走上舞台试演。因为在茶馆里演出，不像电影可以反复重拍，每次都是“现场直播”，没有灯光、场务和助理，所有的现场都要自己把控。所以每一次巡场，他都要在内心默默做一次彩排。

台上三分钟，台下十年功。管新成虽然早已是老演员，但每次上台前，还是会有点儿紧张。以前的相声演员都四处跑码头，吃了上顿没下顿，是真正四处漂泊的江湖艺人。如今，他们在茶馆安定下来了，但工资要和票房挂钩，因而每个演员都要卖力表演吸引观众。对相声演员来说，座无虚席是最开心的事情。

管新成告诉我，曲艺演员最大的喜悦并不是成为全民皆知的腕儿，而是有一群真正懂你的观众。你抖的包袱他们笑得出来，你埋的梗他们能意会。很幸运，自己生在天津，这里有一群比演员更懂曲艺的观众。正因为有如此专业的观众，演员对任何一场演出都会认真对待，绝对马虎不得。

> 相声已经成为天津的市民文化，早已变成天津人的生活方式

谦祥益

巡视一遍后，管新成走进舞台后面狭小的演员休息室。20 多平方米的房间里，已经聚集了 10 多位演员。虽然对今晚的表演成竹在胸，但在演员休息室，他们还是像临考的学生一般，在同事们面前排练。同事们既是自己的老师，也充当观众，给自己挑毛病、打气。

在管新成前面登台的，是一位 70 多岁的老前辈。虽然已经有 50 多年演出经验，却仍在出场前一丝不苟地做准备。他和搭档在台下已经排练了无数次，演出了无数场。但每次上台前几分钟，还不忘温习

∧ 演出前，管新成穿上长袍，就像将士要出征一般

一下台词。

老前辈终于登台了，这时管新成也开始起身，向门口的柜子走去。每个演员都在演员休息室有一个小柜子，里面放着自己的私人物品。快要到管新成上场时，他打开柜子，拿出道具：一袭长袍，一把折扇。穿上长袍，就像将士要出征一般。

终于轮到管新成登台了，他往台上一站，嘴巴就没有停过，拿着快板边打边说，连珠炮一般连说了 10 多分钟，引得观众叫好连连。来

∧ 官新成虽然早已是老演员，但每次上台前，还是会有点儿紧张

> 谦祥益墙壁上挂满了茶馆多年来演出的照片

茶馆之前，我们只知道管新成是位相声演员，但没想到他的快板也说得这样地道。

原来，管新成最开始是位快板演员，师从快板名家李润杰的弟子刘世鉴先生，快板对于演员的“嘴皮子功夫”和记忆力要求非常高，在严格训练下，管新成一字不漏地背下了几十万字的剧本。

2008 年，管新成拜师在相声名家佟守本先生门下，很快成为天津相声新生代的中流砥柱。管新成说，自己的天赋不算高，能有现在的成就，主要得益于自己的勤奋和天津这座城市的滋养。相声中的各种段子和包袱，都来自平时的积累，因而观察生活，给自己充电是每个相声演员的“自我修养”。

管新成也演过电影，主演过一部名为《天津闲人》的电影。与很多人想象的不同，电影演完后，管新成并没有进军娱乐圈，而是回到茶馆继续说相声。管新成说，茶馆这舞台无法替代，他喜欢在舞台上和观众零距离的感觉，这样能直观检验自己的演出水平。

结束一天的演出，演员向观众深鞠躬致谢，观众也纷纷起立鼓掌。来听相声的绝大部分是普通市民，看完演出，他们纷纷乘公交、地铁，骑自行车离去。管新成说，相声原本就是平民艺术，因而不管是舞台风格还是演出价格，都要保持市民气质才能接地气。

天津是曲艺之乡，京韵大鼓、铁片大鼓、快板书都曾经繁盛无比。相声虽然起源于北京，但却兴盛于天津。如今，众多曲艺形式纷纷凋零。观众和演员们，都小心维护着这份“城市遗产”。相声因为有深厚的群众基础，才能做到屹立不倒。

『扬州评话最多还有五年』

天津曲艺很幸运，不仅扎根于一座曲艺底蕴深厚的城市，还因为其通俗的语言，使其中的技巧与笑料，被全国人民所接受。相对而言，在南方评话的中心——扬州，用扬州方言演绎的评话就没那么幸运了。

把扇，无舞台，不化妆，无布景和音响，只需一袭长袍、一把折扇、一块醒堂木。一个人站在台上，用抑扬顿挫的扬州方言，将历史风云、江湖恩怨娓娓道来。这里是扬州重宁寺，是被誉为“江南诸寺之冠”的百年名刹，也是扬州曲艺团所在地。我来到这里，是为了寻找那些平时只在古装电影中才能见到的扬州说书人。

才走进寺门，就传来“咿咿呀呀”的女子唱腔和“嘈嘈切切”的琵琶声。循声望去，一间空旷的房间内，七八个年轻的女孩子正抱着琵琶边弹边唱，屋中儿女情长绕梁——扬州戏曲评弹并称，评话说的是英雄气概，弹词唱的是儿女情长。

听说我是来寻访评话艺人之后，女孩指着身旁的照片墙，示意我要先了解扬州评话的历史。那面照片墙上，有一个名为“昨夜星辰”的分组，排行第一的是王少堂的照片——“看戏要看梅兰芳，听书要听王少堂”，早就听过这句话，今日第一次“见到”评话宗师王少堂，我不由得仔细打量：一袭灰布长袍，张手甩开一把折扇，这是一位精神矍铄的老者，很符合我对评话艺人的想象。正当我准备穿越到王先生说书的书场听一场《武松打虎》时，有人拍了拍我的肩膀。回头一看，是一位穿牛仔裤，手持苹果手机的帅小伙，感觉脸熟，但又想不起在哪见过。小伙子看出了我的迷惑，指了指照片墙——在“今日新星”分组中，他排行第一——青年评书艺人马伟，正是我今天要拜访的对象。

“王先生是祖师，这是我师祖，这是我师

∧ 马伟是扬州评话“王派”第四代传承人

∨ 正在说书的马伟

父，我是‘王派’第四代传人。”马伟指着照片墙说他的师承。小小的一面照片墙，就是一部厚重的扬州评话史。

扬州评话起源于明末清初，《柳敬亭传》中所写的说书先生柳敬亭，是扬州说书艺人公认的祖师爷。扬州评话兴起之后，开始在江苏、上海、安徽等地流传，到20世纪中期宗师级人物王少堂出现时，扬州评话发展到巅峰。如今的扬州评话，重新退守到扬州，“看戏要看梅兰芳，听书要听王少堂”是奢望，“冲出扬州”是“王派”第四代传承人现阶段的目标。

对于自己和扬州评话的因缘，要从马伟小时候说起：外公是一个铁杆的“书客”，马伟刚开始学走路时，就被外公架在脖子上出入各大书场。在书场里，听艺人说书是外公最大的乐趣；散场后，听外公说书是马伟的催眠曲。所以，马伟从小就有一个愿望：有朝一日也能站上舞台，给台下的外公讲《武松打虎》。

1993年，接过外公的“班”，成为铁杆书客的马伟参加了一个名为“扬州曲艺之友社”的扬州评弹爱好者社团。参加社团的都是一些和外公年纪差不多的书客，也许他们书说得不专业，却是听着王少堂说书长大的，有着专业的听书素养。“小伙子书说得不错，简直就是个小少堂。”在社团说书时经常被书客这样表扬，让马伟充满好奇——王少堂说的书到底是什么样？因此，当马伟后来成为业余评话社团的“独孤求败”后，开始萌生一个想法：成为专业的评话艺人，感受王少堂的气场！

1997年，马伟决定报考扬州曲艺团。和扬州评话没有半点关系的父母表示赞同，但是自己在扬州曲艺之友社的社友和教评话的老师却坚决反对。虽然这些书客对评话着迷，已到了“宁可食无肉，不可听无书”的境地，但是他们

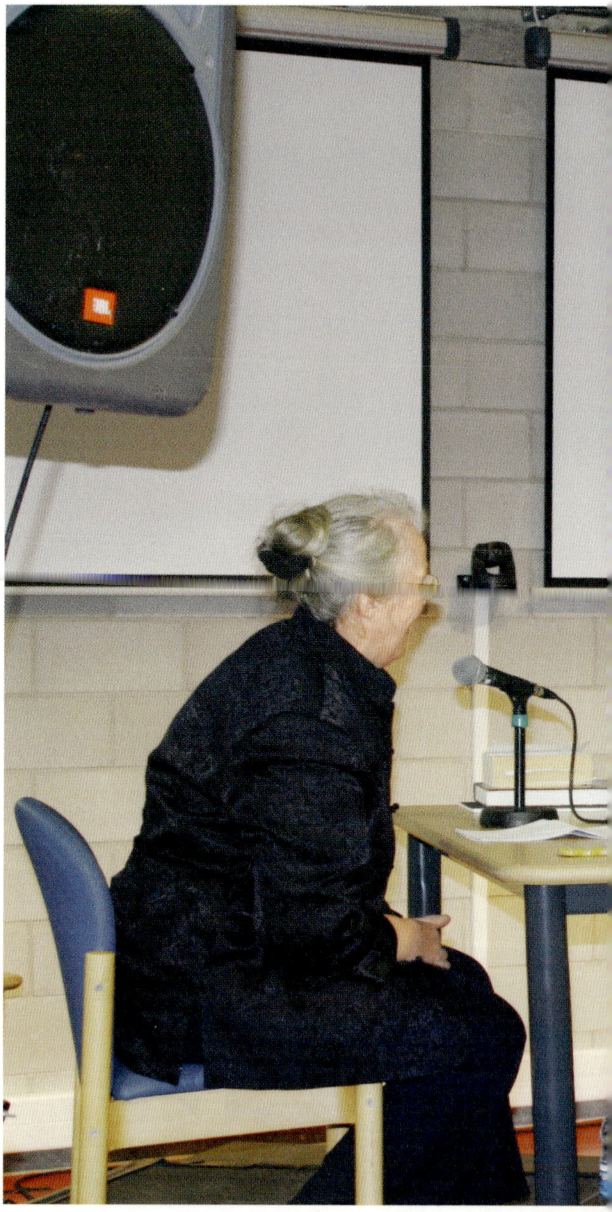

绝对不会去做专业的评话艺人。因为，专业的评话艺人，演艺生涯太辛苦，更重要的是，当时是扬州评话最低潮的时期。圈里广为流传一句话：“扬州评话最多还有五年。”

∨ 马伟为外国友人表演扬州评话

过海：挣脱传统气场

当时真的是初生牛犊不怕虎，也有可能是《武松打虎》听多了，觉得可以每天把说书当工作，那是多么美好的事情啊！像武松凭着酒劲走上景阳冈一般，马伟闯进了扬州曲艺团，开始了自己的说书人生涯。

在扬州曲艺之友社，把说书当爱好时，评话对他来说，是新奇的，花几天工夫，背一个小段子，模仿说书艺人的动作，摆几个造型，就会博得满堂喝彩；然而到了扬州曲艺团后，评话对他而言就变成了苦差事。因为这时说书就不再是兴起而说、兴尽下台的爱好，而是变成了一门需精益求精的艺术，成为要风雨无阻坚守的事业。

∧ 表演中的马伟表情、动作都很传神

做专业的说书人，最痛苦的事情就是背书。对“王派”说书人而言，《水浒传》是根基。一部《水浒传》被王少堂按人物故事编成了《武松》《宋江》《石秀》《卢俊义》四个“十回书”，是每个“王派”说书人必须要背得滚瓜烂熟的。

到扬州曲艺团第一天，师父什么话也没说，只在背了一段《武松打虎》后问：“记住了没？”马伟想：“这都听过无数遍了，还不简单吗？”于是回答：“记住了！”师父看都没看他，只说了一句话：“背一遍！”于是马伟张口便来，开始的一分钟很流畅，到两分钟时就有点卡壳，背到第三分钟，根本就没办法张口——在扬州曲艺之友社时，

如今的扬州评话在马伟带领下，已小有名气

说的都是小段子，哪有这样的长篇大套啊。看到马伟的窘迫，师父叫他停下，自己张口一背就是一刻钟。背完后问他："记住了没？记住了就背一遍吧！"于是马伟又开始背书，前面两分钟一鼓作气，中间两分钟遇阻，再过两分钟就一个字背不下去了。于是师傅又让他停下，呷一口茶润喉后再次背书，如此周而复始，直到马伟背熟为止。

"那时学艺不像现在的小孩子，可以用录音笔记，用摄像机录。师父不允许用一点辅助手段，必须要口传心授。学艺的过程，徒弟是痛苦的，师父也难受。但是经过这样的磨炼，一旦记住了，想忘也忘不掉。就像是打字打多了，不用看键盘，就可以盲打了。评话艺人站在书场上，是没有时间想台词的，必须信手拈来。"虽然学艺时对师父一肚子牢骚，但是当站在书场上时，马伟开始体会到了师父的良苦用心。

用了整整一年时间，马伟背完四个"十回书"，终于进入学艺的第二阶段——表演，即用身体去演绎书中的情景。直到能够表演得惟妙惟肖才进入第三阶段——把前两者重叠起来。

在学艺阶段，师父给他说了“王派”说书人的门规——千遍不变，万遍不改。每个学徒都被要求完全按照师父教的练习。嘴中说的，说过千遍；肢体语言，演过万遍，都不许有丝毫改变。因为你能想到的任何细节，王少堂都已经做到最好，因此只要照他传承下来的去做就行了。

没听过王少堂说书，是马伟最大的遗憾，也是他最大的幸运。遗憾的是没能和王少堂同台竞技，少了提高的机会；幸运的是，王少堂太强大，同时代的说书人完全都被他的气场笼罩，导致之后的扬州评话一直裹足不前，而马伟从来没进入过这个气场。

学艺三年，通过说书人的出师表演“过海”之后，师父送给马伟一句话：“千遍不变是钢，万遍不变是骨，钢骨不可变，其他皆可变。”当用“千遍不变，万遍不改”打下扎实的根基后，就可以放手去创新了。师父在王少堂的气场之中挣脱不出，只能把希望寄托在新一代说书人身上。

华灯初上，老书客们早已泡好茶在扬州甘泉路书场坐定。他们在等待今晚的评话表演。一个着中山装的青年缓缓登场，手上没拿折扇，也没拿醒堂木。说的内容不是英雄豪杰也非江湖恩怨，而是一个名为“朱怀镜”的现代人从官场升迁，最终“落马”的故事——这是马伟历时三年创作的长达万字的扬州新评话《国话》。马伟认为扬州评话应该借鉴海派清口的自由和即兴，他将这部《国话》定位为“新编散打评话”。

“听评话这么多年，清一色的《水浒传》，清一色的长袍。这回穿中山装，说‘反腐’了。有点意思！”曲终人散，书客们对“新编散打评话”的讨论相当热烈。在经历了多年的沉寂后，在评话新人身上，书客们隐约感到，扬州评话已经曙光乍现。

在苏州，
最喜欢的就是在小巷中漫无目的地游走。
因为在这里，江南还在顽强成长。
有人憧憬在这儿偶遇吹长笛的少年，
有人希望在这儿邂逅撑油纸伞的姑娘，
而有的人却与众不同——
不经意间在苏州小巷中听了一曲弹词后，
没有被台上风华绝代的琵琶女勾去三魂七魄，
却被她怀中那把半露半藏的琵琶吸引，
开始想象着为她制作琵琶的老艺人的模样。
中学时代就将白居易的《琵琶行》倒背如流，
也不时地哼唱由琵琶曲《十面埋伏》改编的同名流行歌曲。
但直到在小巷中寻到制作琵琶的老艺人后，
才看清琵琶女们怀抱的“民乐之王”的真正模样：
琵琶六相二十四弦，
一弦一柱思华年。

闲时借来天籁卖

记得那是一个湿漉漉的冬天，我们从叶放的私家园林南石皮记出来，心却还沉浸在苏州园林中不肯离开。摄影师提议去平江路转转，于是我们随便找了一条不知名的小巷子钻了进去。无意间发现，灰白的老宅屋檐下竟然立着一把琵琶，摄影师说她捕捉到了“最江南”的画面。我兴趣大起，钻进了巨型琵琶下的那扇小门。

进门后才得知，这是一家苏州评弹剧社。惊讶于五元一张的门票，我和摄影师毫不犹豫地购票入场。进场时弹词还没开唱，但是着旗

精雕细刻的飞天琵琶

袍的琵琶女已经在台上坐定。看到我们走进来，她面露微笑，向我们点头示意。

剧场很小，只有六七十个座位，但座无虚席。很快，台上的琵琶女开始用吴侬软语唱《杜十娘》，我们没等到“怒沉百宝箱”就知趣地离开了包厢。

我们从那扇小门下离开，卖票的大婶抛出了一句话：“好龙的叶公又少了一双！”

再回到这里时，已经是两年之后。我们从巨型琵琶下穿行而过，目的地不是评弹社，而是不远处的一条陌生小巷，那儿藏着一位专为琵琶女“作嫁衣”的老人。

记忆中苏州的小巷是交错相通的，但是我们顺着这条小巷却最终走进了死胡同。在我的想象中，与这些创造“中国之声”的艺人见面的场景理应极具“中国风”——应该“空山不见人，先闻人语响”才对。记得曾在寻见斫琴师时迷路，斫琴师就用一曲《良宵引》为我指路。但今天我在琵琶师家所在的小巷来回走了两遍，却未听见《霸王卸甲》的一语半声，反倒是在小巷尽头的窗户里听到电视机里经久不绝的打斗声。

透过半开的窗户往昏暗的房间里窥探，对着窗户的墙边，一台老式电视机的声音震耳欲聋。窗户下的墙边放着两张竹躺椅，一张躺椅上躺着一位眼睛半睁半闭的精瘦大爷，另外一张上坐着一位织毛衣的阿姨。这场景让我想起两年前的那个冬天，评弹社里的场景。观众还是半睡半醒的老人，表演者则由琵琶女变成了电视机。

我不愿意相信眼前这看剧催眠的大爷便是琵琶制作名家李兆霖，于是拨打了手机。听到手机声响，大爷缓缓睁开眼睛，慢慢坐起来，朝窗外的我点头示意。那气定神闲的样子，和两年前我从评弹社中途退场时琵琶女的神态一模一样。

> 制作好的琵琶成品

> 闲暇时，李兆霖喜欢抱着琵琶，坐在自家院里弹奏一曲

李兆霖已经年过七旬，2018 年是他制作琵琶的第 56 个年头。他是土生土长的苏州人，是在苏州的评弹社中长大的。李兆霖记忆中苏州评弹的盛况，只有首映式上的美国大片能媲美。因而当李兆霖 16 岁开始工作时，首先考虑的就是弹琵琶，就像是看漫威电影长大的男孩都希望自己是《复仇者联盟》中的一员。但是李兆霖没能成为“雷神”，却成了“造铁锤的矮人”——他没能进入苏州评弹社弹《十面埋伏》，却阴差阳错地进入了苏州民族乐器一

厂，先后拜在民乐大师陈寿云、蒋柏松门下，不但练就了一手制作琵琶的绝活儿，连阮、古筝等诸多弹拨乐器都能融会贯通。

虽然在民间艺人中不算年纪很大，但李兆霖已经退休多年。因为，琵琶演奏看起来风雅，但制作琵琶却是件重体力活。说着，李兆霖把我引到了房间内室，这是他制作琵琶的木工房。虽然李兆霖已经“不问江湖事”，但是每年总要还几笔“江湖债”。

一分音色 一分工

“很多琵琶演奏家，我当学徒时就给没出道的他们做琵琶，后来，他们成名成家，我的琵琶借他们的手指扬名海内外了；如今，你不能说抡不起斧头了，就不为他们做琵琶了吧？人家弹琵琶还正当年啊！我做了一辈子琵琶，真的闲下来也不知道干什么好，就闲时用琵琶换酒钱吧！”一进工作室，李兆霖就脱掉大衣，换上了蓝大褂，把一块一米来长的老红木搬上了马凳。

老红木尺寸虽小，却有百斤重。“琵琶换酒钱”这话听起来轻松，却需要“拔山兮”的力气打底才行。

李兆霖一只手把鲁班尺按在老红木上，一只手拿着木工笔，沿着尺子在红木上画线。这块老红木是用来做琵琶背板的。所谓的背板，就是琵琶背面似半梨形龟背的木板，背板是琵琶上最大，也最难

∧ 李兆霖用斧头在老红木上劈砍出琵琶背板的外形

做的部件。

李兆霖在红木上画出轮廓后，便抡起斧头开始往红木上劈。随着斧头挥舞，一片片木屑从马凳上落下来。经过十几分钟的劈砍，红木终于呈现出梨形。这时李兆霖把斧头换成刨子，骑马一般骑在红木的一头开始刨。斧头劈是粗加工，刨子刨是更细化的步骤。用刨子把背面刨得像模像样后，就开始用砂纸打磨。

背面加工好后，李兆霖便把红木板翻过来，一手握凿子，一手抡锤子，开始在内壁上凿。琵琶主体由背板和面板组成，二者共同组成了琵琶的共鸣箱。李兆霖现在做的事情，就是用凿子在红木板上凿出共鸣箱。

面板用来振动发声，背板用来反射声音，而面板和背板中间的空

> 李兆霖在给琵琶调音

∨ 琵琶制作是一个体力活，李兆霖也慢慢做不动了

间是用来调节音色的。面板的厚度主要影响到琴弦发声；背板的厚度则影响到声音反射的强度；而凹槽的深浅也会影响到音质。

“要想制作一把好琵琶，首先，背板、面板的厚度，凹槽的深度三者都‘多一分太肥，少一分太瘦’，有时多刨了一刨，或者少凿了一凿，背板或面板就废了；其次，有时为了让二者匹配，做好一块背板后，需要试十几块面板，才能找到最为匹配的那块。”抡着斧头在背板上劈了几十下，李兆霖已是满头大汗，接下来的工序已经无力演示，只能以说代演。

在李兆霖讲解时，木工房的窗外竟然围上来几个小朋友。原来，木工房后面是小学操场。上体育课的小朋友把足球踢到了木工房窗户边，他们在捡球时发现这一心做琵琶的老人，就都来围观。

“以前在民族乐器一厂，制作乐器可是国家机密。时代不一样了，现在给年轻人发工资让他们学，也没人愿意学了！”小朋友在看了两分钟后全部散去。

衣服架里琵琶声

老爷子做木工累了，把蓝大褂往椅子上一放。“老太婆，今天不干了，琵琶伺候！”

这时，正在织毛衣的阿姨连忙放下手上的针线活儿，在衣柜旁边架起了一架人字梯，李兆霖敏捷地爬上梯子后打开衣柜最上层的门，老爷子的“藏货”就暴露出来了——有二胡一两把，古琴三四张，还有筝、阮若干。

“这些都是以前民族乐器一厂同事们的作品。琵琶虽然有‘民乐之王’的美誉，但是真想把琵琶做好，就必须不断吸收其他乐器之长。他们做的东西，我觉得好就用自己制的琵琶来换。如今我做的琵琶少了，他们就半卖半送了。”李兆霖欣赏完其他乐器，拎起一把黑色的琵琶，嘱咐我小心接住。

我虽然有心理准备，但还是差点儿把琵琶掉在地上——这是一把花梨琵琶，它的重量超出了我的想象。

阿姨从房间搬出一把竹椅放在小院中，老爷子从晒满衣服的衣架中探出头来，操起颇重的花梨琵琶开始弹奏。

“很多人都认为琵琶很女性化，其实恰恰相反，琵琶是民乐中最阳刚的乐器。古往今来最好的琵琶手都是男人。原因无他，琵琶质量越好越重。品相好的琵琶起码都在10斤以上，弹琵琶也是个体力活儿啊！再者，最有表现力的琵琶曲也都是武曲。‘葡萄美酒夜光杯，欲饮琵琶马上催’，琵琶在古时的角色，不是抒发小情小调的，是战场上的冲锋号啊！”

没想到老爷子看起来弱不禁风，但是却钟爱武琵琶，走的是威猛路线。不但精于制作琵琶，演奏起来也有独门绝技。如果李兆霖先学

李兆霖制作的阮

的是演奏而不是制作，中国的琵琶界可能会少一位苏作工，但苏州的琵琶演奏界或许会多出一张亮眼的名片！

> 师徒一起讨论琵琶的制作技艺

∨ 李兆霖除了高超的琵琶制作技艺，还弹得一手好琵琶

繁华的苏州自古以来就是中国的手工艺之都。时至今日，这里仍是中国手工艺门类最齐全，手工艺人最多的地方。

“其他的手工艺我不敢说，但是要说到民乐这一块，很难有地方能像苏州做得这么精致、这么全。就拿琵琶来说，上面有几十种不同的零件。你看这琵琶的丝弦，在苏州的小巷子，就有手艺人专门做这个，一做就是几十年，我们也一起合作了几十年！”李兆霖说，一把琵琶其实是几十个手艺人分工协作的结果。

以前，手艺人只要入了行，就是一辈子的事情，所以每个零件的质量都绝对可靠。而民乐制作又是一个相对小众的领域，在苏州做民乐的手艺人数量不多，大多集中在苏州老城区。大家合作了几十年，也都知根知底。往往看一眼就能知晓上面的某个零件，是哪个手艺人在哪个时期做的。因而，手艺人都十分爱惜自己的名声。

近几年，李兆霖的名气越来越大，找他定制琵琶的人也越来越多，但他一般都会拒绝。因为自己年纪大了，那些做配套零件的老手艺人年龄也大了。他们中的许多人坚持做手艺的原因，除了发自内心的喜爱之外，就是因为那些求琵琶的，都是几十年的老主顾，已经从客户

变成老友。给老友做一把琵琶，与其说是完成订单，不如说是一种礼尚往来。

李兆霖也收过很多徒弟，但他们大都在二三十年前就转行了。“苏州现在经济发达了，做琵琶又累又赚不到钱，所以徒弟们都不乐意干了！毕竟，现在不比我们当时，干一行就干到老。现在选择的空间太大了。最近十几年，苏州本地的年轻人，甚至没人愿意学这行了！”

李兆霖穿过小巷，走了几百米，才到可以通车的公路上，打了出租车，带我们去看他“硕果仅存”的徒弟。没想到出租车一发动，就

∧ 排列整齐的琵琶半成品

开了半个多小时，在苏州远处的一个小镇停了下来。

徒弟的琵琶作坊和师父的完全是两种风格：紧挨马路边拉着卷帘门的大门里，堆着一垛垛的木料。如果不是李兆霖介绍，我还以为自己来到了一家木材加工厂。

徒弟十几年前来江苏跟随李兆霖学艺，那时一起学艺的有好几个人。后来苏州本地的徒弟纷纷改行，而这个徒弟却认为做琵琶是留在苏州的唯一机会，就坚持了下来。

徒弟走的路线，和李兆霖完全是两个方向：李兆霖走的是高端路线，找他做琵琶的都是知名的琵琶演奏家，而且基本上是私人定制；徒弟走的是批量生产，主要为全国各地的爱好者提供入门级的琵琶。虽然价格比师父的低廉很多，但销量大，因而很快实现了大规模生产。徒弟的琵琶好卖，是因为整个民乐领域都很认可苏作工。很多人以为，买到的苏州琵琶来自小巷深宅中的老工匠。他们不知道，市场上绝大部分琵琶都出自外地工之手。

“你现在每个月琵琶产量这么大，哪位师傅能保质保量做得出这么多丝弦啊？”师父看不懂徒弟的工厂运作模式。

“找专门的工厂代工啊，一次下的订单越多，价格越便宜，质量越好！”徒弟已经完全脱离了师父手工作坊的模式，开始走向现代化运营。

“何必纠结是姑苏城内还是城外，本地工还是外地工呢？只要在苏州做的琵琶，就是苏州琵琶了。老苏州人不做，那就由新苏州人做！”李兆霖看徒弟现在的琵琶工厂做得风生水起，也就心安了。

> 李兆霖制作的琵琶

通道

“我有嘉宾，鼓瑟吹笙。”
有时读古诗，会对诗中的场景“想入非非”。
譬如读到《诗经·小雅·鹿鸣》中的这两句，
高朋满座的场景就如同近在眼前。
而现实生活中，这种场景已经很难见到，
依稀只在外交迎宾场合，才有这样的仪式感。
一次偶然的机会，我观看到一段旅行者发布的视频，
记录的是湘西某侗寨迎宾的场景：
身着盛装的侗族姑娘们手拉着手围成圆圈唱歌，
而头缠布巾的汉子们则随着歌声起舞。
他们每个人手上拿着一种奇怪的竹制乐器——芦笙。
虽然此芦笙和“鼓瑟吹笙”的笙有很大差异，
但意韵却很相似。
于是，我们决定出发，
去寻找制作芦笙的乐师。

循声而去 偶遇芦笙

我们坐着绿皮车在雪峰山诸峰中穿来钻去，终于来到湖南省通道侗族自治县牙屯堡镇。本来，我们准备在牙屯堡镇下面的侗寨寻找会织侗锦的姑娘，但不巧，相邻的侗寨正在举办婚礼，于是这侗寨"全寨出动"到邻寨吃喜酒去了。无奈，我只能和摄影师坐在进侗寨的风雨桥上，看着飘扬的侗锦发呆。

正当我们百无聊赖时，一声声雄浑而高远的声响沿河道逆流而上，轻易就俘获了我们无聊的心。我循声而动，但是没等找到声源地，

∨ 群山环绕之中的侗寨

音乐就断了。只看到前方一个个穿侗装的大妈有说有笑地朝我走来——她们是吃完喜酒回村的侗民。我把侗族大妈们堵在风雨桥上——要想此路过，告知此声是何器之声，制器者何人！

原来，那声响来自芦笙，制作芦笙的人，是湘黔桂交界处三省坡山脚下上岩坪寨芦笙世家硕果仅存的老艺人杨枝光。

上岩坪寨不通公共汽车，据说每星期上岩坪寨村长会开着自家的小面包车到牙屯堡镇一次。很不巧，我们没有遇到村长家的面包车下山，于是咬牙包了一辆车，求司机载我们进山。牙屯堡镇距上岩坪虽然只有 15 千米路，但是却全程上山，再加上修路，一般司机不敢走。

牙屯堡镇是一个汉侗混居的小镇，但是进山后就是一路侗寨了。每个侗寨，远观总能看到高耸的鼓楼屹立在层叠的黑色屋顶上，走近，必定有一座雄伟的风雨桥在村口迎接。我们在路上遇到一位穿着入时，也要进山的姑娘，得知我们要去上岩坪寨后很惊奇，问我们是不是来支教的大学生。得知我们是为了寻访芦笙艺人后，她马上说，上岩坪寨没有旅馆，实在没地方去，可以找杨校长收留。

又见到一座风雨桥时，车停下了，姑娘和我们挥手告别。临走时，她再一次叮嘱我们到了上岩坪一定要找杨校长。可能还是不放心，她又给杨校长打了一通电话说明。

15 千米山路，面包车颠簸了一个多小时，终于在天快黑时来到了上岩坪寨的风雨桥。司机把车开进风雨桥后，在第一家居民楼前停下，向一位着侗装的大妈打听杨枝光。我挥手示意司机：“你听，芦笙的声音！”——雄浑而高远的声音正从眼前的居民楼里传出。

“枝光，有人找！”侗族大妈往楼里一声吼，芦笙声停了，十几秒钟后，一位穿绿色军

大衣的老年人出来了，手上拿着一截水烟一般的竹筒——踏破铁鞋无觅处，眼前的两位便是杨枝光夫妇，而杨枝光手上拿的便是芦笙。

天色已暗，已经拍不了工艺，于是我们请求杨枝光带着我们逛一下侗寨。岩坪寨由上下岩坪组成，有3 000多人口，是规模最大的侗

∨ 杨枝光自己则负责安装和调音等精细活儿

寨之一。

“你看山坡上那一片黑屋顶，就是老寨所在地。以前整个寨子的人都聚集在那里。直到最近几年，外出打工的人多了，挣到钱了，很多人开始在这四周建房，我家的房子也是最近几年才建的！”杨枝光说着骄傲地回望了一下自己家的三层阁楼。

山坡上的侗族木屋沿山势而起，层层叠叠，就像山腰上一团化不开的黑云。天慢慢黑下来，山体看不见了，那片“黑云”间慢慢开始亮起点点的灯火。于是这团“黑云”便开始从山腰流动到苍穹之下。而那些灯火，便成了穹隆上的星星——才十几分钟，人间和天上两种场景便仿佛融合到一起了。

∧ 侗寨里的孩子父母多数都在外打工

> 杨枝光制作的芦笙

围炉夜话

甘苦侗家

望着万家灯火，我们才想起来自己还没有找住的地方。杨枝光哈哈大笑："来岩坪当然得住我家了，房子有整整三层呢！"接着，杨枝光带领我们参观他家的"豪宅"：一楼是工作室，有两间宽敞的房间。靠外的一间摆满了长短不一的芦笙，这是他已经完工等着买家取货的作品。靠里的一间堆满了粗细不均的竹筒，那是做芦笙的原材料。这些简陋的竹子，经过艺人之手，就可以生出美妙的丝竹之声！

二楼是和工作间一样宽敞的客厅，最显眼的地方挂满了奖状，那是杨枝光多年来吹芦笙"吹"出来的名声。有的是湖南省级的大奖，也有的来自村级芦笙节。从获奖的经历可以看出，杨枝光的活动范围大致在湖南的通道、广西的三江、贵州的从江和黎平四县。想必因这些地方大多是苗族、瑶族、侗族等民族的聚居区，芦笙为这三个民族

最核心的乐器。这四地山高路远，吹芦笙的风俗得以保存下来。

在那个微冷的山中秋夜，杨枝光把我们引到厨房前，围着火炉坐定后，他便讲起了芦笙的历史。

侗族是一个极富音乐天赋的民族，侗族大歌和芦笙演奏是最重要的两项音乐活动。岩坪寨是远近闻名的侗族大寨，虽然唱侗族大歌的风俗早已不存，但吹芦笙的传统却保存完好。对侗族小伙子来说，吹芦笙不仅仅是民族传统，更是“老婆本”——侗族是一个以音乐为媒的民族。以前没有电视时，全村人的娱乐活动，便是聚集到村子中央的鼓楼里，围绕着篝火各忙各的事情：老年人讲着侗家人的历史和村寨的掌故，妇女就着火光刺绣，女孩子则聚集在一起练歌，而小伙子们则认真地练芦笙。吹芦笙是极富技巧的，侗家男孩从能把芦笙吹响到吹出情歌，通常需要七八年时间。所以，他们一般从八九岁就开始学吹芦笙。精通后也就到了情窦初开的年龄。

侗族男女恋爱有个规矩：小伙子若有了心仪的姑娘，就在月夜提着芦笙到姑娘的窗外吹情歌；姑娘则看不到小伙子的庐山真面目，只能依据芦笙“闻声挑郎君”。如果姑娘觉得窗下的小伙子芦笙吹得好，爱笙及人，那就推开窗户用歌声回应。大家都不说话，缘分尽在“笙来歌往”中。

“少不学芦笙，老没老婆疼”是老年人的口头禅，杨枝光就是被这话吓得学起了芦笙。杨枝光积累“老婆本”的时间比其他人早——7 岁那年，别的小朋友还在玩过家家时，他就坐在鼓楼的篝火旁，跟着抽水烟的老爷爷开始学吹芦笙了。

“听老人的话总没错的，我 18 岁那年，就凭着这一管芦笙俘获了她的芳心！”杨枝光围在炉火前，摆手势吹响了芦笙。这时，我才发现这芦笙和我第一次听到的不太一样：上一次是雄浑高远，而这一次却情意绵绵。

杨枝光在火炉边吹芦笙，大妈在炉火上炒菜。两个人就像年轻时对歌一样，只以芦笙为媒。杨枝光 3 岁的孙子看爷爷吹得起劲，也凑到火炉边要抢芦笙。

> 芦笙制作工具

“你抢我的芦笙做什么呢？现在要存‘老婆本’也太早了吧。再说了，现在已经不流行吹芦笙娶老婆了，大家发发微信、打打电话就把恋爱谈成了！”杨枝光拿孙子打趣。但说归说，看到孙子对芦笙表现出兴趣，杨枝光无比欣喜。传情的芦笙太大，孙儿拿不动，杨枝光就从火炉边的竹篮中拿出一支竖笛递给孙子。

杨枝光有两个儿子，大儿子在外打工，小儿子在当兵。这孩子是

∧ 杨枝光和孙子在厨房烤火、吹笙和笛

大儿子的次子。

“他哥哥在家里住到七岁才被爸妈接到广东去上小学。他已经三岁了，爸妈在他四个月后走了就再也没回来，下一次回来，可能要等到他上小学吧！”杨枝光边抚摸着孙子的头边教他吹笛子，“这么短的时间，他肯定学不好，能学多少是多少吧！”笙声、笛声、炒菜声，在秋夜中组成侗乡交响曲。

有缘者传道 愿学者皆授

晚上睡在杨枝光家的客房，这里已多年无人居住，变成了跳蚤天堂。住在里面的我拂晓时分便被迫起床和跳蚤大战，却听到芦笙吹奏声若隐若现。仔细辨别才发现，声音从一楼传来。

我披衣下楼，一楼房门虚掩。透过缝隙，依稀可见房内有火光闪烁。原来杨枝光点燃一堆柴火，边烤火边给芦笙调音。

芦笙起源于中原地区，如今只在苗族、侗族、瑶族等几个民族间流传。尤其是侗族，甚至把芦笙和鼓楼、风雨桥并列为民族的标志。以往，芦笙制作艺人是侗寨里最受人尊敬的职业，技艺从不外传。杨枝光于 1974 年拜亲叔叔杨保贵为师，学得了制作芦笙的本领。

“别以为芦笙只是一种简单的竹制吹管乐器，制作芦笙的门道多着呢！”杨枝光拿起一管芦笙，为我讲解它的构造：芦笙由笙斗、笙管、共鸣筒、簧片、箍等部件组成。笙斗是木制的呈葫芦状的部件，中空，是芦笙的声腔；笙管则是连接笙斗的一段供含吹的小竹管，它是插入笙斗中的长竹竿；而共鸣筒则是连在笙管上的大竹筒，作用是放大声音……

杨枝光见我听得云里雾里，决定让我见识一下芦笙的诞生。

杨枝光起身出门，指着家门口稻田对面山崖上的几栋木楼说，他真正的芦笙作坊在那

儿。原来，近年来杨枝光的名气越来越大，一个人已经忙不过来，于是决定在徒弟的作坊中流水作业。徒弟负责芦笙零部件的制作，自己则负责安装和调音。

正当我们准备出门时，杨枝光的孙子也追了出来。“正好你也学学。爷爷的手艺，你爸不肯学，就传给你啰！”杨枝光背起孙子，穿过田埂，沿着蜿蜒的山路抵达徒弟家。徒弟家住的

∧ 身着侗服的杨枝光在制作芦笙

是最传统的侗式二层木屋。二楼住人，而作坊便设在一楼。同时在一楼的，还有猪圈和鸡舍。

杨枝光已经把芦笙制作技艺发扬到极致，成为全国唯一的国家级非物质文化遗产代表性项目芦笙音乐（侗族芦笙）代表性传承人，但无奈自己的两个儿子都不肯学这门手艺。因为制作芦笙有不许外传的祖制，杨枝光只好在村里找了一位同姓族人做徒弟。

制作芦笙的材料一般都就地取材，选择皮薄、节长的“芦笙竹”，在农历十月以后至次年开春前采回、晾干。做笙管、共鸣筒都比较简单，只需把竹子按一定的比例锯成段，把里边的竹节打通即可。最难的是做笙斗和簧片。

笙斗是芦笙的心脏。首先要选择一整块木质稍硬的木材加工成葫芦状，然后把木材劈开，掏空内壁后，用两段竹青编成的箍，把空

∧ 芦笙制作艺人是侗寨里最受人尊敬的职业

> 杨枝光是国家级非物质文化遗产代表性项目芦笙音乐（侗族芦笙）代表性传传承人，他的芦笙在三省坡周边县、侗寨闻名遐迩

葫芦斗重新箍紧，再用电钻在斗壁上开若干出气孔。

“孔开好后，把笙管分两排呈 60 度至 80 度角插入笙斗，每根笙管均在按进笙斗处开一个音孔，再以篾片或麻线捆束，芦笙就成型了！”杨枝光现场制作完后，让徒弟背着芦笙，自己背着孙子往家里走。因为在徒弟的作坊，只完成了体力活儿。制作芦笙的几个关键技术活儿——安簧片、点铅、校音等工序，还得自己亲力亲为。

杨枝光从工具箱里翻出一片薄薄的铜片，先是凑近看了看，再用中指轻轻敲击，放到耳边听。似乎觉得声音不太悦耳，杨枝光又把铜片放在砧板上用铁锤敲打后，再看、再弹、再听……重复四五遍后，总算达到想要的效果。这才把铜片放在蜡烛上烘烤，烤热后抹上松香，粘在笙管底端开口处，再装入簧片，芦笙才算安装完毕。

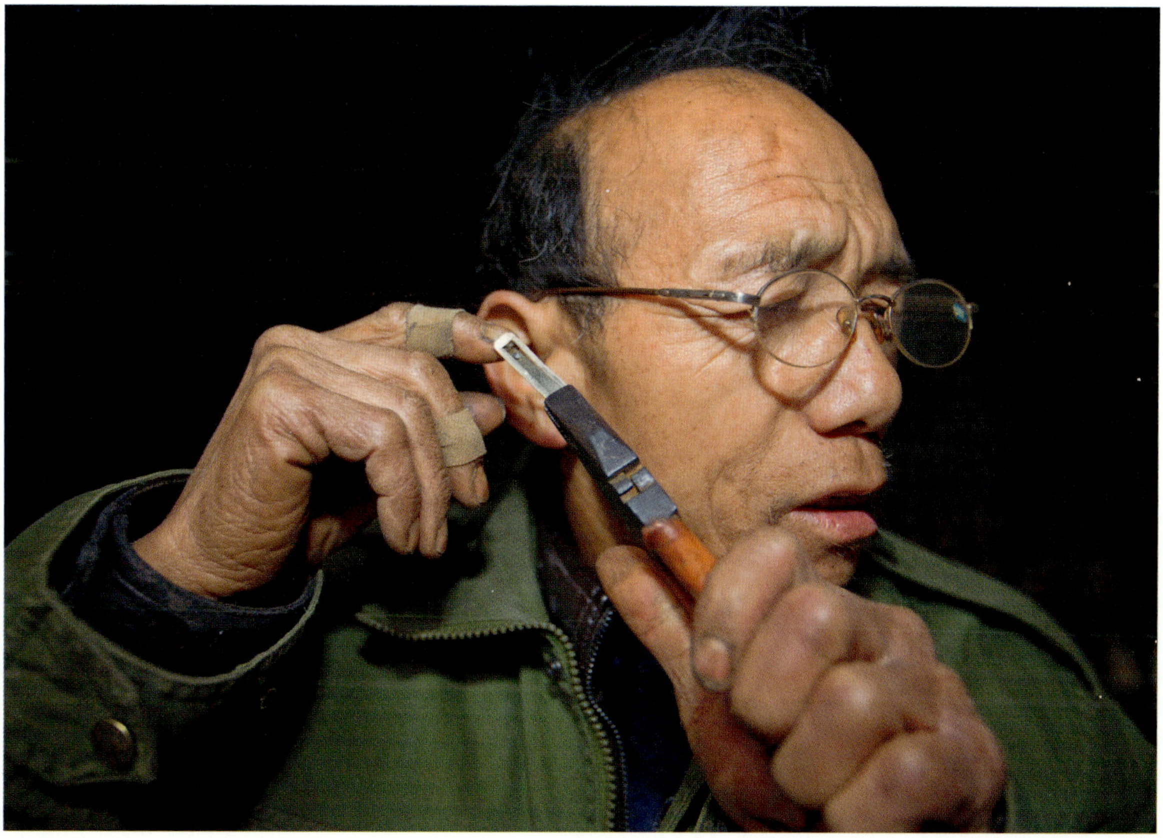

从为生活而作 到为表演而作

芦笙是侗族最重要的乐器。侗族人生活中的每一桩大事，婚丧嫁娶、节庆、乔迁，芦笙从不缺席。稍微有点儿规模的侗寨，都会修建专门的"芦笙台"。

"以前每个寨子里都有芦笙队，每年正月和秋收，各个村子的芦笙队都走村串寨打擂台，侗族人把这叫作'为夜'。为夜是侗族人集中的交际机会：村子之间比拼实力，小伙子施展个人魅力，姑娘挑选郎君……每次为夜都是寨子的全民活动，村民对此积极性很高……"将手上的芦笙调好音后，杨枝光来了兴致，一口气吹了三支曲子，分别是为夜时芦笙队路过邻寨要吹的《过路曲》，到了目的地吹的《进寨曲》，还有打擂台时主队吹的《踩堂曲》。

吹完后，杨枝光突然默不作声了。在他的记忆中，芦笙不是用来吹的，而是用来跳的。跳芦笙是一项由声音牵引的全身运动，而且是一种集体舞。芦笙最少得三人吹才能听到音效，跳芦笙最少得10人才能看到场面。人得越多越好，如果有十几支芦笙队同时争鸣，那场景气壮山河。

杨枝光描述的跳芦笙场景让我心驰神往，便强烈要求他穿上侗家盛装表演跳芦笙。没想到贵为国家级非物质遗产代表性项目芦笙音乐（侗族芦笙）传承人，且靠芦笙获奖无数的杨枝光却忸怩起来：他不

> 杨枝光的芦笙都是别人订制的，大多用来表演给游客看

肯穿侗服，因为岩坪寨虽然还保留着穿侗装的习俗，但是只有老年妇女才会这样穿，侗家男人已经多年不穿侗装了。

∧ 杨枝光在摄影师的要求下勉强穿上侗装，跳了一支芦笙舞

好不容易哄杨枝光穿上侗装，想让他到村口的风雨桥上跳芦笙。但他要么只是呆呆地抱着芦笙不肯吹，要么只摆着跳芦笙的姿势一动不动。问其原因，得到的回复让我啼笑皆非：“只有正月初三村里办芦笙节时，我们才会穿成这样去表演。在没有游客时吹笙唱歌，村民们会笑话的！”

侗族不是闻笙而舞的民族吗？为什么会觉得平时在寨子里跳芦笙丢人呢？我百思不得其解。

“就好比旗袍是正宗的中国女人的装束。但你平时穿着走在大街上试试？”摄影师一语道破天机。

看到我们失望的表情，杨枝光似乎觉得有些过意不去，把我们引到他家房子后面一个隐蔽的角落，给我们跳了一曲《踩堂曲》。

原汁原味的芦笙乐和颇具民族风的造型，让我们对曾经的斗芦笙场景产生无限遐想。我们觉得有必要走上山坡，到那层叠的瓦片如黑云的老侗寨走一遭。

在去老侗寨的路上，我们发现很多新侗屋拔地而起。之所以称之为新侗屋，是因为老式的侗屋皆是沿山而建的纯木质结构，而新侗屋都盖在平坦的田间，屋下面的一层用红砖砌成，上面一层象征性保存了些许传统的木质造型。这结构让我觉得似曾相识，回头一看，原来杨枝光家的房子就是这样子的。

我们边走边问，终于找到岩坪寨的芦笙台。这芦笙台的造型就和汉地古镇中的老戏台一模一样。想必在往日，芦笙台定是村里举办集体活动的场所。但这芦笙台荒废已久，上面堆满了砖瓦和水泥。我暗自祈祷，希望这砖瓦和水泥不是为拆芦笙台准备的。

我们多方打听，终于找到了杨枝光多次向我们提及的鼓楼。老鼓楼依然在使用，从庞大的占地面积依稀能回想其往日的雄伟。鼓楼中与时俱进地接入了电灯，放上了电视，已经成了寨子里的老年人活动中心。我们到时，电视没开，灯也没亮，只有一位老人打着瞌睡吸着水烟烤着火。

“少不学芦笙，老没老婆疼！”看到这场景，我突然记起老人“骗”杨枝光学芦笙时说的话。可惜，鼓楼里已经没有一个年轻人。唯一的芦笙制作大师，甚至在自己的村寨里也鲜用芦笙发声。

这是苏州“觅音”的最后一个夜晚。
在寻觅完古琴、琵琶这些“中国之声”后，
我特地住进了一家临大运河、靠寒山寺的客栈。
选这儿，是因为大运河和寒山寺有太多象征意味。
希望在这儿，箫和笛，
这两种中国民乐中最常见的乐器，
能随风潜入夜，不再让我寻寻觅觅。
早早洗漱完毕，站在临河的窗边凝望，
继而躺在藤椅上竖起耳朵听。
很遗憾，没有看到二十四桥上吹箫的玉女，
也没有听到寒山寺夜半“到客船”的钟声。
如银的月光洒在平静的运河上，
不断有汽车马达声踏水而来。
李白诗中“谁家玉笛暗飞声，散入春风满洛城”的景象，
如今不仅在洛城见不到了，姑苏城里也难再见了。
箫笛，如今即便是在苏州，也得特意寻觅。
听闻姑苏城老巷中，藏着一位箫笛制作名家——邹叙生，
是箫笛制作的传承人，
曾经见证过中国管乐的改革。
但老先生已经 80 多岁，
早已不问江湖事，只给老顾客制作乐器。
于是，我对这位老乐器师，就更来了兴致。

恨不识君年少时

拜访书法家朱友舟，不为求墨宝，只想听听他心中的箫笛是什么样的。因为在专业书法家身份之外，他也是位业余的笛子演奏高手。

朱友舟静坐在铺满书画的地板上，不时拿起地上不同形制的毛笔把玩。

突然，在把玩毛笔的间歇，他似乎发现了什么，缓缓起身。目光跟随着他的身影，我发现了一个琴架。朱友舟翻了翻琴架上的乐谱，嘴角浮现出笑意。他缓缓走进书房，两分钟后，背着一个长长的黑匣子走过来。只见他把黑匣

∨ 邹叙生制作的箫笛

刻上诗词书画的箫笛

朝辞白帝彩云间千里
江陵一日还两岸猿声啼
不住轻舟已过万重山

子往画稿上一放，轻轻拉开拉链，七八根长短不一的竹笛就露了出来。

“我有两大爱好，吹笛子、练书法。”朱友舟说着拿起一支长笛，站在窗边开始演奏。工作室位于长江与秦淮河交汇处的一栋高楼中。当优雅的笛声响起，似乎整个世界都安静了下来，让人甚至有种错觉：满屋子的书法作品和脚下的长江、秦淮河水似乎都开始“闻笛起舞”了。

一曲奏罢，我把自己的感觉告诉朱友舟，他听后开怀大笑：“难得你也有这种感觉，我每次写完字后吹笛子，都会出现这种错觉，感觉吹笛子时手仿佛不是在按笛孔，而是在宣纸上游走。后来我专门对中国书法和中国音乐做了研究，才发现了它们的关联性。”朱友舟说完，信手把竹笛和毛笔放在一起，竹笛没入毛笔间，竟然浑然一体。

“毛笔笔杆是竹子做的，而笛子也是竹子制成的；中国书法是一门线性的艺术，而中国音乐也是线性的，笛子是中国音乐的载体之一，而中国书法非用毛笔不可。在吹笛子、写书法30年后，我发现二者其实是互通的。所以每当写字写累了时，我就会站在窗边，看着滚滚江水吹吹笛子。”

制箫师一向不好找，制箫名家更是难寻。为了寻访“苏作”箫笛大师邹叙生先生，我特地搬出了箫笛演奏名家石冰先生。石冰先生说，等他演完今天的曲目，就随我一起去寻访。但是在客栈中一觉睡醒后，我改变了主意。已经等不到明天，我向石冰先生要了制箫师的地址，一路寻觅而去。

我和摄影师走在去制箫作坊的小路上，看

着苏州古城中“风韵犹存”的小桥流水，情不自禁地想起金庸武侠小说中描写姑苏城的片段。作为80后的我们，对于“中国风”的兴趣，竟然不是来源于那浩如烟海的诗词歌赋，而是来源于金庸小说对传统文化“点穴式”的解读：对于古琴的钟爱，来源于《笑傲江湖》中曲洋和刘正风，一邪一正，一琴一箫合奏的《笑傲江湖》；而对于箫笛的热情，则可以追溯到桃花岛上，黄药师用竹笛吹奏《碧海潮生曲》择婿。

< 书法家朱友舟吹奏邹叙生制作的竹笛

∨ 箫笛是文人墨客最爱的乐器

走在苏州的小巷中，我的思绪穿越到20年前。那时身为放牛娃的我正是热情被武侠小说点燃的年纪。一天晚上

邹叙生早年从皖南收购的
竹子原材料

看到黄药师吹奏《碧海潮生曲》的桥段失眠后，多么希望自己能化身国画《牧笛图》中那个骑在牛背上自顾自吹笛的少年。事实告诉我，无论是国画《牧笛图》，还是笛子名曲《牧笛》，都不过是大人们用画笔和乐器描绘的成人童话。现实版的牧童骑牛、牧笛悠扬的场景是不存在的——那天晚上我惊奇地发现，村里晚上的鸡鸣狗吠声中竟掺有笛音，于是星夜溜出门，循声找到那吹笛人——一位回村里过暑假的大学生。他给我的答复是：“我可是费好大劲儿才学会的，怎么可能教你。你一个放牛娃，吹笛子不合适吧！”失魂落魄的我刚出他家门，就被打着手电筒寻人的父母逮住。第二天天刚亮，我带着一身的伤痕出门放牛，从此断了做吹笛牧童的念头。

摄影师拽了拽我的手臂，把我从 20 年前的鄂南农村拽回了现代苏州。她让我看眼前的景象，问我是不是走错了路。原来眼前的小巷

正在拆迁，一路的断壁残垣。这场景也太不苏州了，我拨通了邹先生的电话，竟然发现一位推着自行车和我一同避让渣土车的老大爷正拿起电话用吴侬软语应答。

“竟然是你！”两人放下电话异口同声地说。

“没想到你这么年轻！”邹大爷见到来访者是个毛头小伙子，似乎有些失望，已默默认定我不是他的知音。“没想到是一位大爷！”我心想。我一直以为他要么像黄药师那么道骨仙风，要么像韩湘子那样玉树临风——看来，“寻音”是一项颠覆认知的活动。

和邹叙生边走边聊，他问我会不会吹箫笛，我摇摇头，和他说起我关于笛子的那段惨痛经历。邹叙生的表情舒展开来，感叹了一声：“不管是吹笛还是制箫，都不是一件浪漫的事情。如果可以重回少年时，那时我和你撞见，我倒愿意和你换换！”

七十年博得『邹箫』名

我们随邹叙生走进了一栋老式的楼房，这本是一家制衣厂，进门后是一个像礼堂那么大的车间，堆放着编钟、鼓、唢呐等各式乐器。“这些都是以前同事们的作品。”他指着地上琳琅满目的乐器，叹了一口气，打开了车间尽头的一扇小门，他的制箫工作室就在这个车间内。他让我们自行参观，自己先行进入了工作室。

等我们推门进入工作室时，只见邹叙生正两只手一上一下撑着一根细长的竹竿，就如渡口的摆渡人撑船欲行。他先用手指在竹竿上敲敲，再用眼睛凑近看看，最后把鼻子凑近闻闻，满意地点了点头。之后，他把竹子扛起来走到墙角的磨砂切割机旁。切割机一启动，整个房间立马充斥着嘈杂的声响，随之而来的是竹纤维的清香。切割机声响持续了四次后，两米多长的细竹就变成五截长短不一的竹竿。

看我走近，邹叙生捡起一截竹竿给我讲解：“笛、箫和其他的民族乐器不一样。无论是琵琶还是二胡，都是由多种材料组合而成的。

∧ 邹叙生的工作室

只有箫和笛，是依靠竹子的自然机理而单独制成乐器。因而，竹子的选择，对箫笛至关重要！”他捡起地上的 4 截竹竿，依次检查后，把其中的 3 截扔在角落里，另外 2 截放在架子上。扔在角落里的是初选被淘汰的，而架子上的则是进入“复试”的。

中国有竹子 200 多种，但能用来制作箫笛者，仅有苦竹、紫竹、淡竹等几种。而这几种竹子苏州产得极少。以往每年冬天，邹叙生都得亲自赴江西、安徽砍伐。竹料要选择三四年生的老竹，砍回来还要经过三四年自然干燥后方可制作。如今老爷子年过 80，已无力长途跋涉劈竹选料。“还好自己以前一直像松鼠一样勤劳，备了这满货架的料。但是好竹料太难找了，像这几根斑竹，我自己也只有这些，还有好多名家都在打它们的主意，但是别想了，我连我儿子都不给，都是为我孙子准备的！”邹大爷拿着它们，说起了自己家族和箫笛的故事。

邹叙生祖籍无锡，20 世纪 50 年代，年仅 15 岁的他跟随叔父的江南丝竹曲艺社到苏州谋生，随后到苏州周涌昌乐器店做学徒。公私合营后，全部民族乐器社组建成苏州民族乐器一厂，他又被指派给老艺人唐寅昌为笛子校音。那时正值中国吹奏乐的大变革时期。箫笛等民族吹管乐器，要求由传统的六孔平均排列改革研制成十二平均律排列孔，邹叙生便是这一变革的第一批见证人之一，中国的第一批十二平均律排列孔的竹笛便是由他们研制的。

在苏州民族乐器一厂，邹叙生一干就是 40 多年。那时的乐器厂，强调的是集体，邹叙生虽然制作技艺精湛，但每一支箫笛出厂，吹奏者只闻箫笛声音好，却永远不知道背后的制作者。邹叙生也安于默默无闻的角色定位，对于手艺人来说，只要做好自己的手艺就行了。

20 世纪 90 年代是民族乐器最不景气的时期，曾经辉煌的苏州民族乐器一厂也不得不面临改制。而邹叙生已经到了退休的年纪，对于手艺人来说，做手艺从来都是活到老、学到老、做到老，让他闲下来，比让地球停转还难。正好那时这家制衣厂也倒闭了，一帮从苏州民族乐器一厂出来的乐器制作师就合伙租下了厂房，自立门户建起自己的制箫作坊。邹叙生 15 岁时跟随叔父到周涌昌乐器店做学徒，中间在国营乐器厂做了 40 多年工人后，最终又回到私营的民乐作坊模式。

“成立作坊后也没想过怎么去推销自己的箫，没想到人家就一个个找上门来了，有的甚至特地从外地赶来，找了几天几夜！”邹叙生那时才知道，虽然自己在民族乐器一厂制箫时没有署名，但真正的箫笛爱好者，对声音的敏感已经可以做到听音辨制箫人的地步。

< 箫笛开孔已经使用机器代替手工

∨ 撬竹工序要重复很多次，直到确定竹子符合制作箫笛的规格时才能进行下一道工序

邹叙生在国营乐器厂制箫 40 多年，两耳不闻窗外事，但在江湖已经有了“邹箫”之名。因此，在自己成立制箫坊后，每一支箫笛出坊前，邹叙生都会在上面刻上“邹叙生某某年亲制”。

截竹气节 而发悲音

选材料只是制箫笛最基本的工序，选完料就是烘竹工序。只见邹叙生先点好一只圆筒状的红泥炉，让竹竿从头到尾在组炉里穿梭。待竹竿均匀加热后，他便抽出竹竿，把一头插入一条满是斜孔的马凳上，这便进入了另一道工序——撬竹。烘竹和撬竹是为了把弯曲的竹竿矫直。“笛子和箫的共鸣箱，就是竹子两竹节之间的空间。箫和笛都是在用气节发音，所以所有乐器中我独爱箫笛。横吹笛子竖吹箫，吹的都是人间冷暖，历史兴衰啊！”

接下来，再经过刨皮、开孔等工序后，一支箫就做得像模像样了。邹叙生用毛巾把竹竿擦干净，拿出一个小盒子，把箫头对准盒子里的调音器调音。箫声抑扬顿挫，调音器中的波段忽高忽低。看着调音器上的波形，他眉头紧锁，把箫尾夹在左腋下，左手握住箫头，右手拿起刮刀在气孔上轻轻地刮下一些竹屑。动作温柔得像理发师给婴儿剃胎毛。待“胎毛”剃完，他又开始对着调音器调音。结果音律和波形还是有出入，于是继续“刮胎毛”，继续调音……如此反复三四次，才算调音完毕。一直以为制笛做箫是江南丝竹制造中最容易的事情，没想到竟然如此精细。“如果笛和箫真的好做，我儿子和孙子没理由放着家里的名师不拜，去外面拜师学‘吹’了。”（邹叙生之子邹建梁是苏州昆剧院的昆笛演奏师，其孙正在上音乐学院，专业也是箫笛演奏）中国向来有重用轻器的传统，手艺人的后代变为演奏者似乎是整个业界的趋势。邹叙生虽然不认同家传由“造物”变为“御物”的趋势，但也尊重儿孙的选择。儿子演奏的所有昆笛都是他制作的，孙子将来也要进入箫笛演奏界。作为制了65年箫笛的手艺人，邹叙生明白一支好箫对于吹箫者的意义。所以老先生年过八旬，还制箫不止。“其他演奏者，我没能力负责，但吹我箫笛长大、变老的这些人，我总得负责到底吧！”

拜访完邹叙生，我的苏州“寻音”之旅就结束了。邹叙生说吹一首曲子给我送行，是笛子名曲《姑苏行》。姑苏之下，我听到的声音和

< 撬竹工序

∨ 开孔工序

我想象中的“中国之声”早已不是同一个声音。

已经在出巷的小路上走了很远，但低沉的箫声依然在巷中回荡。于是我坐在路边，把自己寻访制箫师的经历，写了几百字发到朋友圈。没想到文字发出来，却一石激起千层浪：原来我的朋友圈中，竟然潜伏着大批“邹箫”粉丝。很多人知道了我正在拜访邹叙生，纷纷要求代购。

于是，我不得不重返邹叙生的制箫坊。我们在电梯门口遇见，老先生正推着自行车，准备骑车回家。邹叙生听说有很多人想买箫笛，而且绝大部分是年轻人，也很激动。因为以往找他订箫笛的，都是上了年纪的人，让他认为箫笛已经被人们遗忘了。

朋友咨询“邹箫”的价格，当得知售价只有 1 000 多元时，都不敢相信。因为邹叙生制的箫笛在行业内非常有名，在国外都有大批粉丝。但很少有人知道他作坊的位置，也找不到联系方式。在网上，一管好的“邹箫”甚至要价上万元。

> 为了保证竹箫能发出最美的声音，需要反复给竹箫“刮胎毛”

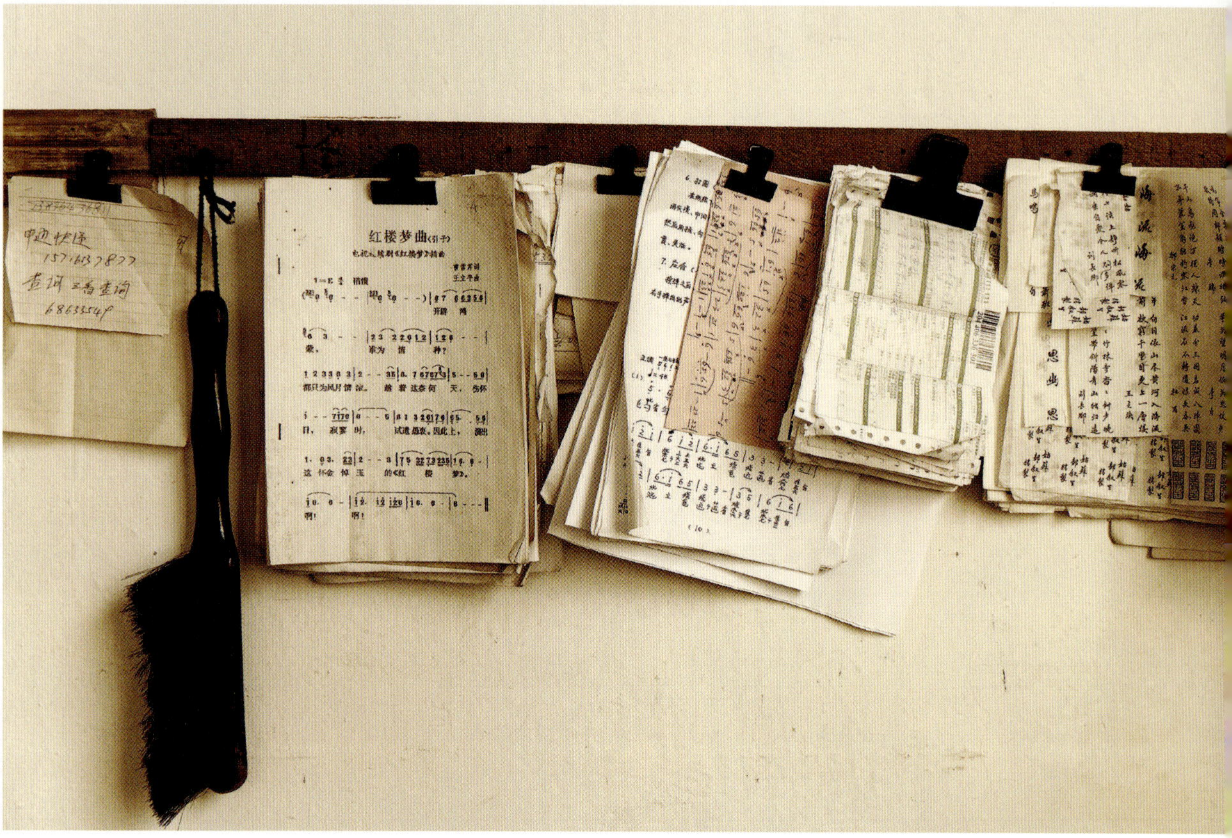

得知"邹箫"出坊价格只有网上十分之一时，大家纷纷要求我开视频确认，是不是真在邹叙生的作坊。当确认我不是"微商"后，朋友们一鼓作气，一个小时不到，把整个作坊的存货都买光了。很多箫友订箫，都不是用来吹奏，而是用来收藏。因为邹老爷子年龄已经大了，不知还能制几年。从几年前起，他就不再制作比较费力的笛子，而是专心做箫了。

几个小时的时间，朋友们不仅把存货清空，还预订了十几支箫。随着时间推移，不断有人引荐箫友来预订。我建议邹叙生雇个助理，专门做销售；再收个徒弟，扩大生产。

邹叙生摇了摇头说："那样就是做生意了。网上卖 1 万块一支就让他们卖吧，我一支箫卖 1 000 多块，已经够了。卖得再高，就没办法安

∧ 邹叙生的工作室墙上挂满了乐谱和箫笛的制作订单

> 工作之余邹大爷喜欢用自己制作的箫笛吹奏一曲

心做箫了！我现在这把年纪还在制箫，是因为有很多人都是吹我制的箫长大、变老的。我不做了，他们就没箫可用了！”

听完邹老一席话，我也被“圈粉”了。虽然我不会吹箫，但也订了一支来收藏。半年后，我收到寄来的箫。打开锦盒，箫上刻了两行字：“一蓑烟雨任平生，姑苏邹叙生八十二岁亲制。”

从那以后，每年我都会向邹老订一支箫。

邹叙生 80 岁时制作的箫

G

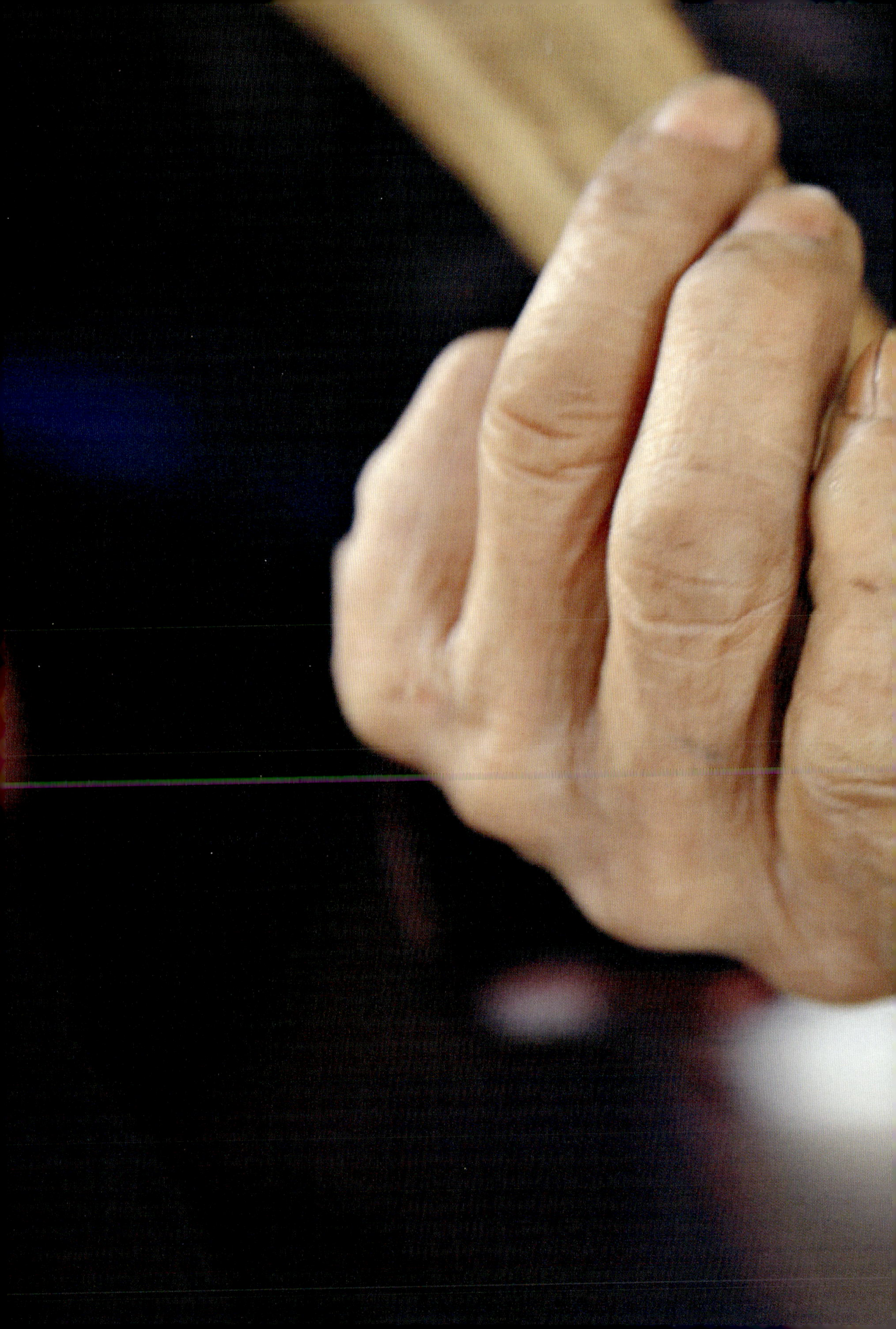

文字是司空见惯的交流工具，
但有很多民族，有语言而无文字。
侗族便是其中之一，
他们用唱歌的方式来记录历史，装点生活。
凡有鼓楼处，便能唱侗歌；
而有鼓楼和侗歌的地方，则少不了牛腿琴。
侗族有句谚语："饭养身，歌养心。"
老人们唱叙事歌时用牛腿琴配乐，
姑娘们唱琵琶歌时怀揣着侗家琵琶起舞，
这曾经是侗族人的生活日常。
天籁般的旋律滋养了一代又一代侗家人，
而侗歌歌者、侗乐乐师和隐在侗寨的乐器工匠们，
则用自己的技艺作嫁衣，
默默地传承侗歌。

歌至八旬意未已

贵州省榕江县有个名叫宰荡的侗族村庄，很多人慕名而来，只为听享誉世界的非物质文化遗产——侗族大歌。而我们翻山越岭而来，是为了寻一对七八十岁高龄的姐弟。他们一个唱侗族大歌，一个用牛腿琴拉叙事歌，用自己的嗓音记录了这个民族的历史和村庄的生活。

来宰荡这天，是农历正月十八。与全国各地的农村一样，这时正是村民过完元宵节外出打工的时候，村里十分冷清。

∨ 宰荡侗寨里有200多年历史的鼓楼

进村的路有两条，一条是绕村而过的马路，一条是穿村而过的石板路。我们沿石板路进村，一路只听见自己的脚步声和溪流响。

行过百步后，有歌声穿过木屋飞檐而来，让宁静的村庄迅速苏醒。循声而去，我们来到村寨中央一个小小的广场。广场中央摆满了长桌，每张桌上都放满了酒肉。

“看来，今天撞上了谁家办喜事啊，能蹭饭吗？”看着眼前热闹的场景，我已经开始食指大动。

“今天是全村人的喜事，有朋自远方来，当然得唱歌喝酒！”村长把我们拉到长桌边。原来，今天不是谁家办喜事，而是全村人一起过“月也”的日子。

月也，是流传在侗寨的风俗：每年年头岁尾，侗族各个支系寨子之间随便找个理由相互走动，以增进感情。青年男女借机结识、恋爱，老人小孩走亲访友。

大年初三，有个其他支系的侗寨请宰荡村的男女老少去过月也。寨里去了 60 多人，演侗戏、唱大歌，喝酒狂欢了三天三夜。礼尚往来，今天那寨子里派了 15 人回访，给宰荡村里送锦旗。于是全村人又借

∧ 姐姐罗俾云是侗族大歌的传承人

∧ 罗家姐弟虽然老了，但依然每天赴侗家鼓楼唱歌

此机会在小广场上吃起长桌宴。

吃完饭，碗筷还没收拾完，妇女们已经穿上盛装，站上了广场中央的戏台。七八个三四十岁的侗家女，众星捧月一般围着一个七八十岁的老奶奶。老奶奶便是村里的侗族大歌传承人罗俾云，今年已经 81 岁，唱侗族大歌已经 70 多年。而她的弟弟，便是我们要寻找的侗族叙事歌歌师罗幸礼，今年也已经 79 岁，现在正在鼓楼里教徒弟拉牛腿琴唱叙事歌。

叙事歌歌师和侗族大歌歌师，在侗族村寨一直都非常受人尊敬。每个侗家人都是优秀的歌者，但像罗家姐弟俩，从小开始唱，到了七八十岁还“封王称后”者，却极为罕见。罗家姐弟虽然老了，腿脚不利索，背也驼了，但依然坚持每天穿过村庄，赴侗家鼓楼唱歌。

姐弟俩每天练歌的地方，是一座有 200 多年历史的鼓楼。以前，鼓楼是侗寨的中心，是寨老、长老决策村寨大小事务的场所，是年轻人传习侗歌的地方，也是年轻人谈恋爱“行歌坐月”的场所。但如今，这里绝大部分时间都大门紧锁。只有罗家姐弟俩每天都到这里唱歌，风雨无阻近 70 年。

当牛腿琴遇见《小苹果》

拉牛腿琴，唱侗歌，不仅仅是侗族记事的方式，也是侗族年轻男女恋爱的方式。以前，牛腿琴拉得越好，叙事歌唱得越动听，就越容易被姑娘垂青，因而寨子里的年轻人学起来都很积极。在村里歌声最鼎沸时，每天跟罗幸礼学拉牛腿琴的有 10 多人。如今，寨子里的男女谈恋爱再也无须围着鼓楼唱歌弹琴，一部手机就可以轻松搞定。于是，不再有学生愿意跟着罗幸礼拉牛腿琴、唱叙事歌。

曾经侗寨里人人都会拉的牛腿琴，竟然“沦落”为非物质文化遗产，以至于政府只能指派一位名叫罗宾利的年轻人专门跟着罗幸礼学。

罗宾利今年已经 33 岁，已经过了学叙事歌最好的年龄。以前，他像村里的其他年轻人一样，对叙事歌一窍不通。后来他返乡做了村里的安全员，开始接触侗族的文化保护工作，和这对姐弟接触多了，就

∧ 拉牛腿琴，唱侗歌，不仅仅是侗族记事的方式，也是侗族年轻男女恋爱的方式

喜欢上了这古老的民族艺术形式。

侗族的习俗，一般在鼓楼聚会时，都会先燃起一堆火，大家围坐在一起，边拉边唱。罗宾利是村里年轻一辈少有的叙事歌爱好者，因而他每天都和师父罗幸礼一起到鼓楼练歌。

今天罗幸礼要教的曲目名叫《珠郎娘美》，是教导年轻人自由恋爱的曲目。但现在的人都觉得它过时了——现在恋爱早自由了，甚至自由得有点儿过度。

/\ 唱叙事歌时拉的牛腿琴

看歌师拉牛腿琴，是一件很“穿越”的事情，因为拉牛腿琴的姿势和我们见到的其他的民族拉弦乐器的姿势都不一样，要将琴尾端顶在左肩与左胸之间，琴面朝上，左手托持琴颈，用食指、中指和无名指按弦，右手执弓在弦上拉奏——这姿势倒是和拉小提琴异曲同工。因而牛腿琴又被大家戏称为“侗族小提琴”。

罗宾利说，自己对牛腿琴的兴趣正是来源于小提琴：“我在外面打工时，有一次，看到有人拉小提琴，总感觉他拉琴的样子格外熟悉，思来想去发现，这不就是小时候父亲每天在家里拉‘果吉’（侗语对牛腿琴的称呼）的样子吗？”

这是一种很奇怪的感觉，当自己每天身处其中时，并不在意，而在失去后，才发现对它的记忆其实已经潜移默化地融入了骨子里。返乡后，罗宾利被指派来做侗族大歌的保护者和牛腿琴的传承者，也算是冥冥中注定。罗宾利现在的身份，是村子里的安全员，名义上是保障村庄的治安，做得更多的却是在保护侗族大歌和牛腿琴的安全。

每天在鼓楼里和师父练习完后，罗宾利就拿着牛腿琴自己回家练习。回家时，正好赶上父亲闲着无事，坐在门前拉曲子。以前，父亲拉牛腿琴时，罗宾利总是跑得远远的。现在他会搬起板凳坐在旁边听，甚至会清清嗓子唱一段。

当叙事歌唱起来时，有老人从二楼探出头来，一边叼着烟斗，一边随着音乐打节拍。当琴音歌声正劲时，一位"杀马特"打扮的年轻人从他们眼前走过，都没正眼瞧拉牛腿琴的父子，而拉牛腿琴的人则停下了手上的琴，看年轻人飘过，仿佛年轻人是T台上的超级模特，而父子则是台下的观众。

问年轻人为何对侗歌这么不待见。他说，没有不待见，只不过和《小苹果》之类比起来，太不带劲。说完，他骑上了摩托车，边骑边把声音开到最大，一曲《小苹果》把所有的牛腿琴音都掩盖了。

以前，村里老一辈都多少会一些侗族叙事歌。当牛腿琴拉响、叙事歌唱起时，歌声就慢慢把村里人聚起来。侗歌，自古以来就是联络侗家人的情感纽带。

罗宾利当初返乡时的理想是组建一支侗歌队，不仅让家乡人通过歌唱加深感情，还要带侗歌队进行全国巡回演唱。但如今，年青一代不仅不会拉牛腿琴，甚至连叙事歌的意思都无法理解，全村的歌者所剩无几，已经无法聚成一圈。罗宾利对侗歌的未来非常担心。

我问 81 岁的罗俾云，担不担心侗歌会失传。她说，以饭养身养够了，大家就会想到用歌来养心了，没什么好担心的。

> 杨秀森是侗寨里制作牛腿琴的高手，周边很多村寨的人都会来他这里订购

∨ 当叙事歌唱起来时，有老人从二楼探出头来，边抽烟斗边打节拍

做把果吉 讨媳妇

看完了拉牛腿琴的乐师，我们请罗宾利带我们寻找做牛腿琴的工匠。拉牛腿琴的人少，做牛腿琴的工匠应该更难寻。我暗自祈祷不要像以前一样，找到工匠家后，工匠摇摇头说：“我已经不做手艺很多年了！”

没想到罗宾利把我们从村里的石板路带到水泥路上后，指了指前方说：“到了，来得早不如来得巧，他正好拉上了！”

我朝他指的方向望去，那是位 60 多岁的大爷，正端着一把牛腿琴站在自家大门口，身

边站着一个小女孩。大爷一拉牛腿琴，女孩就跟着节拍跳舞。

我们表明来意后，大爷把肩上的牛腿琴往身前的长凳上一放，小女孩就拿起来绕过我身边跑开了。我欲拉住她："小姑娘，小心别把琴弄坏了！"大爷拍了拍身前的长凳说："由她去吧，大不了再做一把就是啰！"

这时，我们才发现，这木工凳上，正放了一条抛光的木条。大爷俯下身来，拿起斧头，开始给我们演示制牛腿琴。

大爷名叫杨秀森，今年 67 岁。从 20 岁开始学做牛腿琴，至今已有 47 个年头。问他为什么要学做牛腿琴，杨秀森不说话，手拿着烟斗猛吸了一口烟，吐出了团浓浓的烟雾后咧开嘴呵呵一笑："做牛腿琴还能为啥，为了讨个媳妇呗！"

原来，在杨秀森年轻时，侗族姑娘评判小伙子的最高标准是谁的叙事歌唱得好、牛腿琴拉得棒。唱叙事歌、拉牛腿琴，小伙子们都是从小开始练。虽然有些人天赋异禀，但绝大部分人都是半斤八两。要在讨姑娘欢心的路上一骑绝尘，就只能独辟蹊径。杨秀森想到了一条捷径：自己学做牛腿琴，做出最好的牛腿琴，在拉琴唱歌追姑娘时，就能拥有绝对优势。

∧ 正在制琴的杨秀森

杨秀森最终凭借自己做牛腿琴的绝活，讨到了理想中的媳妇。从那以后，每当春暖花开谈恋爱的季节，杨秀森家就挤满了来订做牛腿琴的小伙子。

“一把牛腿琴好不好，关键要看共鸣箱。”只见杨秀森骑在木工凳上，拿起一把凿子开始在一块瓢状的杉木上凿了起来。杉木凿空后，把内壁用砂纸打磨平，上面再盖上一层薄板，共鸣箱就完工了。然后从琴头到琴尾，拉上两根棕丝做的琴弦，琴身就做好了。

接下来就进入制作琴弓阶段。只见他取出一根一米来长的竹片，选择大约九分之一处，放在炭火上来回烘烤，取下后用手轻轻弯折。待竹片变弯后，拿出准备好的棕绳，分别绑在两端，竹片便从烘烤处开始变弯，成为一个不对称的弓形，琴弓便做好了。一把牛腿琴也就大功告成。

这时，杨秀森把琴身架在左肩上，右手把琴弓的棕绳按在琴弦的棕丝上开始试音。棕绳遇见棕丝，发出纤柔而嘶哑的声响，有点儿像二胡的忧伤却又少一丝浑厚，但音量小得几乎听不见。听到这声音，我对牛腿琴有一丝失望：“传说中的‘讨媳妇神器’，声音就这样？”

杨秀森似乎察觉到我的失望，深吸了一口气，开始边拉边唱——音调嘶哑，音量比琴声略大。

一曲终了，杨秀森迫不及待地问我这唯一的观众：“感觉怎么样？”我尴尬地笑了：“一拉一唱都颇有神韵！”

以为杨秀森会因我的直言而生气，没想到他却向我伸出大拇指：“这就对了，拉牛腿琴时，都是边拉边唱。逢年过节，琴师一般都是为侗戏和侗歌伴奏。就算是在‘行歌坐月’时，小伙子们拉牛腿琴追姑娘，姑娘和她们的歌声，也是绝对的主角。牛腿琴，本身就是做配乐的！但如果没有这琴配乐，舞台上一直是主角在独奏，那该多无聊啊！”

杨秀森说，虽然他是一位制作牛腿琴的匠人，但做牛腿琴也只是他的副业。每年只有到农闲时，他才会在自家门前支起工具制琴，告诉村里的年轻人恋爱的季节到了，姑娘们得练歌、小伙子们得练琴了——“年少不练琴，无妻徒伤悲”。

但最近几年，轮到杨秀森伤悲了：最开始时，村里会制琴的人越来越少，他的订单随着琴匠们的离去越来越多，最多时他一年卖过的牛腿琴有上百把。而现在，制琴匠越来越少，但找他制琴的人减少得更快，因为村里年轻人基本都外出了，即使过年时在家待几天，也几乎不会拉琴，也就不需要买牛腿琴了。

> 杨秀森也是拉牛腿琴的高手，他说想制作一把好琴，自己不会拉怎么行

G

以前来买琴的，主要是本村的小伙子。现在来订购的，都是周边村寨的老头子。一把琴根据音质好坏，能卖300元到800元不等，一般都是500元一把。如今，杨秀森每年能卖十来把。通过每年卖出去的牛腿琴，他就知道周边还有哪些寨子有人在唱叙事歌，传唱侗家历史。

虽然最近几年，能卖出的牛腿琴每年都会减少一两把，但杨秀森已经很知足。闲时做琴换烟酒钱，梦里琴声配侗音。

苏州

很多人对于二胡的印象，
来源于街头卖艺的“阿炳”们。
二胡特有的悲凉音色，
配上“阿炳”们外形的视觉冲击，
能让身在春天里的你如履寒冰。
一个偶然的机会，在整理旧物件时，
翻开高中时听过的老磁带盒，
居然在理查德·克莱德曼的钢琴曲旁边，
看到一卷《二泉映月》。
听过之后觉得虐心，便一路高铁直奔苏州吴门桥，
去寻找那专门制造这揪心二胡的琴师。
二胡名家刘天华已经不可寻，
但是还能找到为他制二胡的琴师王瑞泉之子王国兴：
能做出这专发天地悲音的二胡，
得有多么悲天悯人的心啊！

与蟒皮的要命活儿

门卫说，大师的工作室在巷子最深处。于是我一拐再拐，终于来到大师藏身的小巷尽头。巷尾出现两栋爬满爬山虎的二层红砖房。虽然是阳春三月，大地回暖，但爬山虎却认为开枝散叶的时机还不成熟，只是懒散地伸出枯萎的蔓枝缠绕着老朽的红砖。这红砖房的二楼，便是大师王国兴的二胡工作室。

按照以往访名家的惯例，寻斫琴师，刚进巷口就能听到太古雅音；探铸剑师，还未进门就能感到肃杀剑气。这次探访的二胡制作师，乃是来自“南王北李”的“南王”王国兴。现在已经到楼下，应该也出点“祥瑞之兆”才对。但是很遗憾，眼前万籁俱寂。

于是我踮起脚、伸长脖子往二楼的窗户里

∨ 二胡粗坯制作车间

边瞟，没瞟到二胡的一弦半弓，却引出一楼一位警觉的小青年。在盘问得知我要找二胡大师王国兴，他反问我："大师？我怎么没见过？"然后欲转身进楼，一秒之后又转过身："您说要找做二胡的？楼上还真有一位。您从这边请！"说完嘴角挂笑进楼，我还没来得及分析那丝笑容的含义，脚步已经沿着青年指的"这边"上楼了。

"这边"是挂在右边那栋红砖房上的木楼梯。木楼梯延伸到二楼后，分出一座木质天桥，连着左边的红楼。我屏气凝神，试图寻找那丝"大师之气"。摄影师却不再矜持，被眼前的景致感染，上一级楼梯，便按一下快门。当她的脚步声停住时，我没捕捉到与之匹配的快门声，却听到一声惊呼："蛇！天桥上躺着一条蛇，不是蛇，是蟒！"

"我现在明白那小青年为什么对我笑了，那蟒蛇也对我笑！"摄影师哭笑不得。"现在明白什么叫大师气场了。这么大条蟒蛇看场子！"我心中一惊。

我们的动静太大了，惊得二楼探出了一个脑袋。问清我们来意后，他指了一下那木楼梯：

“这边请！”看着我们迟迟未动，他才回过神来。脑袋缩回去后，几秒钟后天桥上多了一个人影。那人身着皮夹克，脚蹬亮皮鞋，梳着大背头，着装可亲却让人不敢接近。因为他手上抓着让我们留下心理阴影的东西——一条水

< 二胡粗坯制作台

V 工作中的王国兴，正聚精会神地在蟒皮上打孔

桶粗竹竿长的蟒蛇，他抓住了蟒蛇的七寸，但蟒蛇尾巴却垂到地面上。我和摄影师被眼前的一幕惊呆了，异口不同声蹦出了赞叹语："驯龙高手！""天神下凡！"

惊魂初定后，我们才明白，眼前这位"天神"和高手合体的大叔就是王国兴。而先前那吓得我们魂飞魄散的"蟒蛇"，其实是蟒皮——制作二胡琴膜的材料。王国兴前几天新收了一条蟒皮，放在天桥上晾干，准备制琴膜，正好被我们撞见。

一直以为收天籁之音制琴的琴师是天底下最浪漫的工种，没想到却是一项"与蟒谋皮"的要命活儿。

∧ 二胡制作工具

给蟒皮打孔

带我们上楼后，王国兴便把我们晾在一边，忙手头工作去了。他站在一架打孔机前，把一张张制成烧饼状的蟒皮往里送，就如同缝纫工往缝纫机里送布料。当打孔机在蟒皮上打下一个孔，打孔针提起的瞬间，王国兴边麻利地转动蟒皮，边解释二胡制作工艺：“二胡琴筒是正六边形的，蟒皮蒙在琴筒之上，全由蟒皮上打的6个小孔来固定。因而每次打孔时，转动蟒皮都必须是60度才行。”

王国兴能在二胡界称王，琴筒制作中“制膛”和“蒙皮”两项工艺是其压箱底的手艺。为保证每一把出品的二胡都精益求精，王国兴决定让工作室的师傅们在其他工序上分工协作，但是这最关键的两项工艺却由他亲自操刀。亲自操刀时也不是信手拈来，还必须找灵感、寻状态。今天“蒙皮”的节奏感把握得正好，所以远方来的客人也得靠边站。在工作室里，制二胡永远都是摆在第一位的。

< 半成品琴筒

∨ 在琴筒上装琴筒

王国兴把我们引进门后，马上就进入了“蒙皮”的“入定”状态：打孔机右边放的是堆成小山的未开孔的蟒皮，左边是零星的开过孔的蟒皮。当打孔机两边的蟒皮“移形换位”之后，已经是 20 分钟之后。

待所有蟒皮都打完孔后，王国兴下意识地闻了闻双手：“蟒皮上有股血腥味，接触多了难免沾上。这不，血腥味太重，房子里老鼠都不敢来。要不是身上有这股子腥味，还以为我是纽扣厂的纽扣匠呢！”

王国兴说话时环顾四周，开始向我们介绍他的工作室。工作室所在地以前是一家纽扣厂，因为不景气而在 1995 年倒闭。同年，王国兴正好从同样不景气的苏州民族乐器厂离职。于是他和几个朋友一商量，就在倒闭的纽扣厂里开了这家名为“国兴乐器”的工作室。

“工作室起名国兴，有几重意思。第一，自己的名字，好记；第二，有让家传的二胡手艺薪火相传的意味；第三，也是最重要的，是有‘振兴国乐’的愿望。只可惜这个愿望还看不到实现的希望。”王国兴说着，拿出了两个红本子兴致勃勃地向我们展示，分别是 1985 年颁发的苏州民族乐器厂“工艺规格声乐品质单项奖”和“红木专业二胡一等奖”。王国兴一生所制二胡获奖无数，甚至达到“拿别人的奖，让别人无奖可拿”的地步（连续几届全国二胡评选，王国兴的作品都获最高奖，在 2011 年 5 月举办的第三届“全国极品二胡”评选活动中，王国兴被邀请作为唯一一位制作师评委出席，那以后他所制二胡不再参加评奖），却对这两个厂里发的奖项情有独钟。那是因为当时苏州民族乐器厂见证了中国民族乐器最辉煌的年代，也是王国兴和父亲王瑞泉同台献技的时期。

谈到自己在中国二胡界“南王”的名号，王国兴摇了摇头。无论是“南王”还是“北李”，都只是小圈子内地域性的尊称，而父亲王瑞泉则是中国二胡界里程碑式的人物，是被国内乐器界和演奏家共尊的“中国二胡王”。“就连刘天华演奏的二胡都指定由父亲亲手制作，那是什么概念！”谈到父亲，王国兴有说不出的崇敬。

王国兴的二胡制作技艺，源自其父王瑞泉，王瑞泉是早年苏州民乐老字号“周万春乐器行”的大师级名匠。公私合营之后，周万春乐

上弦后的成品二胡

器行并入苏州民族乐器厂，王瑞泉也自然成了苏州民族乐器厂二胡制作的技术骨干。

周万春乐器行作为传统的手工艺作坊，一直是学徒制。苏州民族乐器厂虽然是国营工厂，但在生产过程中把学徒制延续了下来。自从1979年王瑞泉把王国兴带进苏州民族乐器厂，王国兴就成了父亲的徒弟。找泰斗王瑞泉定制二胡的，都是最顶级的演奏家。制作每一把二胡，不仅是手艺世代传承的结晶，更是听取不同演奏名家们的建议后改良的结果。

∧ 王国兴的二胡制作获奖证书

> 制作琴筒时需用铁圈对木板进行固定

『超级奶爸』化身

讲完家史后，王国兴带着我们参观这由纽扣厂改造成的工作室。

他首先推开一个小房间，里面大小不一的木头呈现在眼前："这是珍藏了十几年的花梨木，这是新进的印度小叶紫檀，都是做二胡琴壳的原料。"说完，他推开了另一个房间，房间四壁居然是一块块木块堆起的木墙。

"二胡琴筒就是由6块这样的板组合起来。每块板长131毫米，前口外边宽51.9毫米，前口内边宽41.6毫米，后口外边宽46.2毫米，后口内边宽35.8毫米，厚度均为9毫米。6块才能组成正六边形，每块板两边所刨成的角度均为60度。"王国兴抽出6块木块放在案板上开始演示制琴筒时，瞬间就由"纽扣匠"化身中学立体几何老师，开始传说中的"制膛"绝技。

在秀完"制膛"绝技后，他又开始展示家传的"蒙皮"绝活。所谓"蒙皮"就是把蟒皮蒙在琴筒上的过程。对二胡制作来说，"蒙

皮”是最为重要的工艺，因为二胡是靠蟒皮的振动来传导声音的。因而蟒皮的厚薄、松紧对二胡的音色起着决定性的作用。“蒙皮”没有量化指标，完全得依靠蒙皮人的听觉和手感。再者，不同蟒皮和不同琴筒接触会产生不同的声音。选哪张蟒皮和哪个琴筒配对都有讲究。这个“红娘”做得好，二胡就成了一半；如果强行“拉郎配”，那二胡拉出的声音会让你听了想哭！

∧ 等待上琴筒的蟒皮

王国兴边讲解边演示，只见他把打好孔的蟒皮的每个孔中都穿好棉线，缠在小木棍上，然后把缠好木棍的蟒皮顶在琴筒上。待蟒皮固定后，在琴筒内壁塞进一个小木桩。然后把蟒皮上缠绕的小木棍在木桩上缠绕拴紧，蟒皮就这样被“五花大绑”在琴筒上了。

蒙一张蟒皮，王国兴足足用了 10 分钟时间。我看着工作室里摆满的琴筒，对王国兴生出无限的怜悯——每一只待“蒙皮”的琴筒就像一只嗷嗷待哺的雏鸟，要把这些张着“血盆大口”的雏鸟喂饱，一喂就是 30 多年，这得要多大的毅力啊！看来每一位二胡制作师，都要有一颗做“超级奶爸”的心才行。

“我制二胡时，为了节约时间，通常同一时间只做一道工序，看，这边案板上都是我昨天做好的琴筒；那边木桶里插的，都是我前天做的琴头；那边墙上挂的，是我上周制的琴弓……”

/\ 每制作好一把二胡，王国兴都会拿起试试音色

> 二胡制作师傅拿起琴筒查看

王国兴在工作室里“指点江山”。顺着他的手指望去，我在案板上看到了一排整齐的“蜂巢”；在木桶里，我看到一朵朵盛开的硕大“蒲公英”；在墙壁上，我看到了弓箭手的“兵器库”……

在我沉醉于精美的图案中时，王国兴的身影开始在这些场景中不断游走：取了一块“蜂巢”，抽走了“蒲公英”中的一朵，摘下墙壁上的一支“弓”……然后把它们放在一起。经过一系列让人眼花缭乱的“变身”后，这些零散的零件组合成了一把精美的二胡。

当王国兴把组合好的二胡抱在怀里时，在我眼中，他不再是“驯龙高手”而是“阿炳转世”：“与君弹一曲，请君为我倾耳听！”

我已经把情绪调到《二泉映月》的悲凉基调，但是眼前的“阿炳”却迟迟不肯演奏。“抱歉，我不会拉二胡！”王国兴说出了一句我无论如何也想不到的话。

“卖茶叶蛋的就应该会下蛋吗？”看到我的表情，王国兴来了个更让我惊愕的反问，“对于琴师来说，用最多的心血把最好的材料组合成二胡，工作就完成了。至于二胡能奏出什么样的乐曲，那就不是琴师考虑的了！”

废弃工厂内 出宝琴

时至今日，王国兴依然很怀念跟随父亲在苏州民族乐器厂学艺的日子。那时在工厂做学徒，就像是在做一位纽扣匠。因为工厂里的生产方式，是流水线作业，每个工人只负责其中的一道工序。这样的生产方式，会把人的视线限制在一隅，但好处也很明显：能把一道工序做到极致。

“就像做纽扣是枯燥无味的，但是一旦你锁定以厂里最好的纽扣匠为追赶目标，每天的工作就精神百倍了。”王国兴的幸运之处在于，他有一位高屋建瓴的父亲，让他对二胡的全部制作工艺，甚至整个民族乐器的历史和技法，有了全面的认识。之后再去做一线工人，领悟二胡制作的每一道工序。

“现在很多人动不动就讲创新，但他们都搞不懂技法老工匠们为什么要那么做。其实，传统手艺传承了这么多年，技法的每一步都有它的逻辑。要创新，我们首先要把传统的门路摸清！”

父亲成了王国兴追赶的对象，在很长一段时间内，他一直都模仿父亲的技法来制作二胡。20多年来，在父亲的言传身教下，王国兴也慢慢成了一代名家，闵惠芬、邓建栋等当代知名演奏家的二胡都出自王国兴之手。懂行的人一看王国兴的二胡，就能看出上面的“王瑞泉味儿”。王国兴觉得很自豪，觉得世家就应该有一脉相承的血统。

即使现在成为名动天下的二胡“南王”，王国兴也从来没把做二胡的自己当成一回事：“父亲制的二胡，获得过国家乐器评定委员会授予的‘国家银质奖’，我都制二胡 30 多年了，还没人给我颁这个奖，那就说明我的二胡还没做到位，那就继续努力啰！”

但有道是虎父无犬子，名师出高徒。有一位国宝级的父亲做师父，王国兴自然不会差到哪儿去。

2009年5月28日，在北京音乐厅举办的第二届“全国极品二胡”评选会上，30位国内一流的二胡演奏家作为评委齐聚一堂，评选会的主角则是王国兴和他制作的一把老红木二胡。最终，中国音乐家协会二胡分会授予王国兴“二胡制作大师”称号。他制作的老红木

二胡，经专家组评定被授予“极品盛世宝琴”荣誉，市场参考价为182 600元。

“很多人听说一把二胡售价几十万，就觉得是噱头、是炒作。但他们没想过，在西方，一把名家制作的小提琴，售价几百万很正常！”王国兴说起民乐的生存现状，一副愤愤不平的模样。

20多年前，王国兴在苏州民族乐器厂上班时，已经是制作二胡的顶尖高手。但那时厂里实行的是计件制，制作一把上档次的二胡，报酬只有20多元。“虽然手艺人要安贫乐道，但前提是劳动要受到尊重，手艺人靠自己的手艺能活得有尊严，手艺才能传下去。”1995年，王国兴辞职办起了自己的乐器工作室，专门为各大剧团和民乐演奏家制作二胡。凭借二胡世家的声誉和精湛的技艺，很快就打开了市场。

如今，王国兴家族的二胡制作技艺，已经传到了侄子手中。二胡，不再只是一种发天地悲音的乐器，也可以是一个家族安身立命的传承。

∧ 等待上琴弦的半成品二胡

< 二胡制作师傅正在给琴筒打磨修整

图书在版编目（CIP）数据

艺 / 雷虎撰 ；阮传菊摄影. — 北京 ：北京出版社，2020.12

（大国工匠）

ISBN 978-7-200-15855-7

Ⅰ. ①艺… Ⅱ. ①雷… ②阮… Ⅲ. ①非物质文化遗产—民间艺人—生平事迹—中国—现代②非物质文化遗产—介绍—中国 Ⅳ. ①K825.7②G122

中国版本图书馆CIP数据核字(2020)第176972号

封面题字：李　杰
总 策 划：李清霞
策划编辑：黄雯雯
责任编辑：王若凡
特约编辑：杨　超
装帧设计：q-design
美术编辑：魏建欣
责任校对：韩　莹
责任印制：武绽蕾

大国工匠
艺
YI

雷　虎　撰　阮传菊　摄影

*

北京出版集团
北京出版社　出版

（北京北三环中路6号）
邮政编码：100120

网　　址：www.bph.com.cn
北京出版集团总发行
新华书店经销
北京华联印刷有限公司印刷

*

180毫米×255毫米　16开本　14印张　246千字
2020年12月第1版　2020年12月第1次印刷

ISBN 978-7-200-15855-7

定价：189.00元

如有印装质量问题，由本社负责调换
质量监督电话：010-58572393